장미

일러두기
1. 이 책은 Robert Walser, *Die Rose*, Rowohlt Verlag, 1925를 옮긴 것이다. 번역을 위해서 Robert Walser, *Sämtliche Werke in Einzelausgaben*, Herausgeben von Jochen Greven, 8. Bd. *Die Rose*, 5 Aufl. 2015, Suhrkamp Taschenbuch Verlag를 사용했다.
2. 각주는 모두 옮긴이 주다.
3. 단행본과 잡지는 『』로, 시와 단편, 논문 등은 「」로, 영화와 음악 등은 〈 〉로 구분했다.
4. 외래어 표기는 국립국어원 표기 원칙을 따르되 관습으로 굳어진 경우 널리 쓰이는 표기를 존중했다.

장미

로베르트 발저 지음
안미현 옮김

문학동네

차례

블라디미르 ✦ 007

일요일 산책 ✦ 012

마누엘 ✦ 018

주네브 ✦ 020

도스토옙스키의 『백치』 ✦ 024

파리의 신문들 ✦ 026

게르다 ✦ 028

말과 곰 ✦ 032

켈러의 노벨레 ✦ 034

쿠르트 ✦ 037

입센의 노라 혹은 뢰스티 ✦ 039

쇼윈도 ✦ 041

뵈리스회퍼 ✦ 043

모범적인 사람 ✦ 045

옛날 극장이 준 인상에 대하여 ✦ 047

교사와 짐꾼 ✦ 049

아저씨 ✦ 051

원숭이 ✦ 053

천사 ✦ 059

에디트에게 보내는 편지 ◆ 061

에리히 ◆ 066

티투스 ◆ 071

따귀 한 대와 그 외 ◆ 076

몇몇 작가와 어느 성실한 부인에 관해 ◆ 098

자허마조흐 ◆ 101

파르치팔이 그의 애인에게 편지를 쓰다 ◆ 104

기이한 아가씨 ◆ 108

아이 ◆ 111

설탕 조각 ◆ 119

루트비히. 서평 ◆ 123

아름다운 여인과 진실한 남자 ◆ 126

유골함 ◆ 128

일기장 ◆ 130

프리돌린 ◆ 133

코끼리 ◆ 138

대화 ◆ 141

고독한 남자 ◆ 154

사랑받는 여인 ◆ 157

해설 |
작고 사소하고 아름다운 것들의 세계_안미현 ◆ 159

로베르트 발저 연보 ◆ 171

블라디미르

우리는 그를 블라디미르라고 부르는데, 그건 기이한 이름이지만 실제로 그는 기이한 사람이기도 했다. 그를 이상하게 보는 사람들은 그가 드물게 던지는 눈길 한번, 말 한마디라도 붙잡아보려 했다. 옷차림이 변변찮은 그는 잘 차려입은 사람보다 더 믿음직하게 행동하고, 근본적으로는 선량한 사람이었지만 이미 사라진 자신의 결점을 지어내거나 그 결점에 사로잡히는 잘못을 범하곤 했다. 그는 자신에게만 나쁜 사람이었다. 그건 용서할 수 없는 일이 아닐까?

한때 그는 어느 부부의 집에 세 들어 살았는데, 이들은 도무지 그를 쫓아낼 수가 없었다. "당신이 우리를 떠나야 할 시간이 된 것 같아요."라는 말이 그에게 전해졌다. 그는 이 말을 전혀 이해하지 못한 듯 미소를 짓는 부인과 낯빛이 창백해진 남편을 바라보았다. 그는 기사 정신 그 자체였다. 그에게 봉사는 항상 삶의 즐거움과 같은 고귀한 의미였다. 그는 아름다운 여성이 트렁크나 짐꾸러미를 옮기는 모습을 보면 그냥 지나치지 못하고 도와주겠다는 의사를 표했는데, 그때마다 추근거리는 행동으로 보이지 않을까 하는 섬세한 우려를 먼저 극복해야 했다.

블라디미르는 어디에서 왔을까? 그의 부모님에게서가 아니면 누구겠는가. 그가 종종 자신은 불행할 때 즐겁고 성공할 때는 기분이 좋지 않다고 고백하는 것, 자신의 천성이 근면함이라고 말하는 것은 독특해 보인다. 그렇게 만족하는 동시에 불만족스러워하는 사람을 찾기는 쉽지 않다. 그는 누구보다 재빠르고, 뜻밖에도 누구보다 우유부단하다.

그에게 가끔씩 자신을 찾아달라고 부탁한 한 여성이 한번은 그를 기다리게 했다. 그는 그 일로 무척 놀란 듯했다. 다른 한 여성은 "누군가가 당신에게 세게 부딪쳐오면 기분이 좋지 않으세요? 경솔한 언행에 가까운 장난을 특히 좋아하지 않으시나요?"라고 말했다.

"착각이십니다." 그것이 그가 한 대답의 전부였다.

그는 어떤 사람에 대해서도 뭔가를 마음에 오래 품지 않았는데, 그건 "내가 이전에 종종 사람들에게 나쁜 짓을 했기 때문"이라고 했다.

그는 여성 전용 카페에서 숙녀들이 짓는 표정이나 그들이 하는 말들을 재미있어했다. 그 밖에도 그는 과도한 오락을 좋아하지는 않았지만, 예외적으로 그것을 매우 소중하게 여기기도 했다. 그는 한순간에 잊어버리기 위해 많은 것을 생각했고, 탁월한 계산가이기도 했는데, 기분에 휩쓸리는 것을 스스로 용납하지 않았기 때문이다.

여성들은 그를 과소평가했지만, 이따금 흥미롭게 여기기도 했다. 그 여성들은 그를 소심하다고 말했는데, 그 역시 그녀들이 소심하다고 생각했다. 여성들은 그와 함께 즐기면서도 그를 두려워했다.

어떤 숙녀가 어쩌면 아주 교묘한 방식으로 그에게 자신의 부를 과시하자, 그는 사람들이 아무런 감정도 느낄 수 없을 때 하는 것처럼 그녀를 대단히 정중하게 대했다. 그는 배우지 못한 여성들이 배움을 갈망하는 것과 다른 한편으로는 모든 것을 읽고 이제는 무지해지기를 갈망하는 여성들을 발견했다. 그는 고통을 주는 부당함에 전혀 복수하지 않았지만, 어쩌면 그런 방식으로 복수를 한 셈이었다. 그는 자기가 원하는 대로 대하지 않는 사람들을 내버려두었고, 마음에 들지 않는 많은 것에 대해 생각하지 않았다. 그렇게 해서 그는 자신의 영혼이 거칠어지는 것을, 생각이 병들고 경직되는 것을 막았다.

대부분의 사람에게 그런 것처럼 음악은 그의 기분을 부드럽게 녹여주었다. 어떤 아가씨가 그를 좋아하는 것을 알게 되면 그는 그녀가 자신을 속박하는 것 같아 그녀를 피했다. 그는 남쪽 지방 사람들처럼 자기 자신이나 다른 사람들을 불신하거나, 종종 질투하지만 오래가지는 않았는데, 채 생겨나지도 않은, 설명되지 않고 허망해 보이는 질투에 쫓기는 일에서 자존심이 그를 재빨리 해방시켜주었기 때문이다.

그는 한 친구를 잃었을 때 스스로에게 말했다. "그는 꼭 나만큼 많이 잃었군." 그는 한 여성이 잘못을 저질러 그녀를 보고 싶은 마음이 사라질 때까지 그녀를 존중했다. 그녀가 서두르는 것을 보면 살짝 비웃었는데, 그것이 그를 즐겁게 했다. 여자가 없는 것을 유감스럽게 여기면서도 그는 자기 자신에게 어쩔 수가 없었다.

그는 젊게 머물렀고, 아무 감정 없이 바라보는 것을 가장 필요로 하는 약한 자와 쫓기는 자들에게 주의를 기울이고, 그것을 훈련하기 위해 자신의 힘을 사용했다. 우리가 그에 대해 너무 좋게 이야기하는 것일까?

그는 종종 이른바 싸구려 술집에 가서, 방탕한 사람처럼 보이기도 한다. 사람들은 그 사실 때문에 그를 비난하면서도, 자신들도 늘 그들의 영역만을 지키지 않고 재미를 누렸으면 한다. 사람들은 그를 따라 하지만, 이 독창적인 사람은 자기 모습대로 남아 있다. 그렇다고 해도 따라 하는 것은 아주 자연스러운 일이다.

그러나 모방품도 말할 수는 있지만, 진짜 가치 있는 것은 오로지 독특함에서만 나온다.

일요일 산책

일요일이었고, 저기 한 사람이 유쾌하게 걸어갔다. 그렇게 걷는 동안 그는 언제 어디선가 전시되었던 예술 잡지와 기억 속에 남아 있는 시들의 문구를 만끽했다.

"안녕하세요." 하고 어떤 사람이 그에게 신중하고 진지하게, 하지만 친절하게 말을 걸었다. "당신의 새 책은 대체 언제 나오나요?"

"기다리세요." 그 남자는 대답했고, 자신은 인간이며, 산책하는 것을 책상에 앉아 있거나 성공적으로 책을 출판하는 것만큼이나 아름답게 생각한다고 덧붙였다.

풀을 뜯는 암소의 무리를 지나 부드러운 햇살 속에서 마음에 드는 경쾌한 풍경이 계속해서 이어졌다. 고양이 두 마리가 나무 위에서 눈에 띄게 편안하게 즐기고 있었다. 어떤 창문에서 한 여인이 말하는 소리가 들려왔다. "당신이 누구든 간에 나를 도와주세요. 나는 더이상 젊지 않아야 해요. 사람들은 내가 인생을 즐기는 것을 싫어하고, 피할 수 없는 나이 속으로 나를 밀어넣으려 해요."

"누가 그렇게 하나요?"

"내 자식이요."

사람들에게 시인으로 알려진 그 사람은 답했다. "조용히 하세요. 차분하게 사시고 지혜로워지세요. 다른 것들은 다 저절로 이루어져요."

자연스럽게 가꾸어진 작은 정원에는 아직도 꽃들이 눈에 띄었다. 잠시 후 상황은 아름답게 진행되었다. 저기 공원에 신사들이 앉아 있고, 아이들은 놀이에 빠져 있었다. 품위가 느껴지는 집을 전나무들이 위엄 있게 둘러싸고 있었다. 미닫이문 뒤에는 깔끔하게 차려입은 하녀가 서 있었다. 창문은 열려 있었고, 그것을 본 그 남자는 생각했다.

"여기서라면 나도 아주 잘 지내면서 안락함을 누릴 수 있겠군. 그 대가로 자유로운 마음으로, 최대한 정중하게 소설이나 한 편 낭독해주면서 말이지."

그가 상상을 하거나 시를 짓거나 하는 때는 항상 산책할 때였다! 산책이야말로 위에서 말한 것을 풍부하게 만들고 또 기분좋게 만들었다. 숲 가장자리 가까이에 농가가 한 채 있고, 그 옆에는 보잘것없는 구두 수선소가 딸린 집이 있었으며, 숲속에는 부드러운 분위기가 충만했다.

다시 텅 빈 들판에 서서 그는 저택 앞 일요일의 평온 속에 사람들이 앉아 있는 것을 보았는데, 누군가가 수건으로 코를 푸는 소리가 마치 트럼펫 소리처럼 들렸다. 그러고 나자 마을 아래쪽에서 진짜 트럼펫 소리가 울리면서 악단이 이쪽으로 행진해왔고, 그때 우리의 산책자에게는 뭔가 탁월한 생각이 떠올랐는데, 자신에게 오후 간식을 권하는 것이었다.

말해지고 행해진 대로, 그는 곧 한 음식점에 들어갔다. 들어가는 행위 자체가 이미 그의 기분을 좋게 만들었다. "아가씨, 나는 카페 콤플레트*를 원하는데, 그걸 방해하는 것은 아무것도 없으리라고 생각하는데요." 아가씨는 미소 지었고, 그에게는 음식점 홀 전체가 마찬가지로 미소 짓는 것처럼 보였는데, 그가 아주 평화롭게 나타나 대단히 무뚝뚝한 요구를 했기 때문인 듯했다.

주인은 책을 읽고 있었다. 체구가 당당한 여주인은 테이블에 앉아 뭔가 사무적인 것을 살피고 있었다. 테이블 두 개는 가족들이 차지하고 있었다. 손님 중 한 사람이 던진 대화는 활기찬 답변과 반대 답변을 불러일으켜서, 종파를 넘어서는 유쾌한 토론으로 이어졌다.

주인은 "개신교 무리 중에는 예의바른 사람이 없다니까"라고 말했다. 그의 아내는 뷔페 쪽으로 다가가는 동안 자기

---

* 커피와 함께 나오는 간단한 식사 혹은 간식.

모습을 의식하지 않는 것처럼 보여 더욱 인상적이었는데, 의사 부인이 그 모임 중에 있다고 언급하면서 자기 남편이 솔직한 견해를 말하는 것에 대해 반은 진지하고 반은 웃으면서 더 조심할 필요성이 있음을 경고했다.

이 부인의 사랑스럽고도 지혜로운 태도는 귀를 기울이며 음식을 먹고 있는 시인의 마음에 들었는데, 그녀의 태도는 아름다운 외모와 완전히 일치했고, 자기 남편에게 거칠게 굴지도 않았으며, 이웃 주민들의 주의를 끌지 않기 위해 그들을 지나치게 경멸적으로 판단하지 않도록 하고 있다고 생각했다.

그가 뭔가를 졸라대는 털북숭이 개에게 빵 한 조각을 주자, 그 개는 처음에는 거부하다가 나중에는 아무것도 얻지 못하는 것보다는 조금이라도 받는 것이 더 낫다는 생각에서인지 반기면서 얌전하게 빵을 먹어치웠다.

음식점에서 나올 때 여주인은 감사해했고, 그는 천만에요라고 대답하고는 마을을 지나오다가 노래를 부르는 소년과 천천히 걸어가는 나이든 사람을 만났고, 이따금 모자를 벗은 채 그 지역의 광성을 바라보고는 큰 도로와 샛길을 지나 어느 부인에게 갔는데, 그 부인은 교양 있는 듯, 다시 말해 지적으로 보였음에도 손을 비비며 말했다.

"나는 부유하지만 괴로워요. 우리 아들이 내 말을 안 들거든요."

"그것은 당신이 아들에게 아무런 지시도 하지 않기 때문입니다. 진정한 어머니가 되신다면 아들은 당신 앞에서 존경심을 잃지 않을 거예요."

"바로 그걸 제가 제대로 못 해요."

"그럼 아무도 당신을 도울 수가 없답니다." 그러고 나서 그는 대출을 원하는 빚진 사람을 피하듯 재빨리 그녀에게서 멀어졌다.

그가 온갖 영역에서 나오는 온갖 종류의 생각거리에 자신을 제멋대로 맡기면서 주변을 돌아보도록 구조물로 풍성하게 장식된 언덕에 올라가 편안하게 할당된 시간 동안 한 남자의 기념비 앞에 조용히 서 있는데, 이성적인 얼굴로 관심을 보이며 설명하는 듯한 표정을 한 기념비의 모습을 아이 두 명이 신뢰와 믿음을 가지고 올려다보고 있었다.

그것은 어느 교육자의 기념비였고, 이 산책자는 혼자 말했다. "내게는 아직도 선행이라고 기록할 만한 것이 거의, 아니 하나도 없구나. 그 사실이 내 기분을 언짢게 하는군. 하지만 위인들의 모습이 내 마음을 아프게 하는 것만큼이나 나는 위인들의 명예를 인정하기를 선호하지. 나는 지금껏 내가 옳다고 믿고 동의하는 대로 살아왔고, 사람들이 내가 길을 잃었다고 주장할 상황에서도 두려워하지 않았던 이유는 길을 잃는 것은 인간적인 일이라고 당당하게 믿기 때문이지. 그러나 고상한 견해에 자신을 적응시키고 과제를 성취하기 위해 삶의 즐거움을 줄이는 것, 기분이 좋은 것과는 다른 형태로 행복을 이해하는 것, 너무 좋은 기분에 의존하지 않는 것, 매 시간 두려워하며 좋은 기분을 유지하기 위해 염려하기보다는 기분을 드러내면서 자신의 행복을 포기하는 것, 아마도 그래서 그 행복을 다시 얻는 것은 멋진 일이라는 사실을 나는 안다고."

　우리는 그가 아직 통찰력은 부족하지만, 실행의 정신을 신뢰한다는 사실은 안다.

마누엘

마누엘은 군중 속에 서 있었다. 궁전 앞 광장에서 음악회가 열렸다. 사람들은 일부는 가만히 서 있었고, 일부는 가급적 방해되지 않도록 조심하며 군중 속을 이리저리 오갔다. 뭔가가 그를 즐겁게 해주었는데, 얌전하게 거기 서 있는 것 자체가 그를 기분좋게 했다. 남의 눈에 띄지 않는 것은 대단히 즐거운 일일 수 있다. 그는 느긋하고 만족스럽게 이 지역에서는 흔한 시가를 피웠고, 그로 인해 누구의 눈에도 두드러져 보이지 않았다. 우리는 그가 오후를 어떻게 보냈는지 정확히 알지 못한다. 여기 이 조용한 저녁에 그는 자기와 비슷한 사람들 사이에 서서 두 명의 아가씨와 관계하고 있었지만, 그다지 애쓰지는 않았다. 한 여성은 우연히 옆에 바짝 붙어 있어서 비단처럼 부드러운 몸의 시원함과 따뜻함을 느끼게 해주었다. 원한 것은 아니지만, 그것은 그에게 주어졌다. 저 위의 열린 창문 앞으로 알기도 하고 모르기도 하는 형상들이 나타났고, 그들 중에는 그가 말하자면 신의를 지키기로 약속한 아가씨가 있었다. 그는 이제껏 이 아가씨를 배신한 적이 없었는데, 심지어 가까이 있는 다른 여성이 기분 나쁘지 않게 그와 접촉하는 약간은 의심스러운 이 순간에도 그랬다. "음악회의 음향도 기분을 북돋아주지 않나? 한 아가씨가 몹시 마음에 든다면 그 밖의 다른 것들도 마음에 들지 않을까?" 그가 혼잣말을 했나? 그럴지도 모른다. 그는 저 위에서 몇 차례 보이는, 염려의 기색과 말없는 불만과 세련된 불신을 담고 있는 익숙한 그녀의 얼굴을 침착하게 올려다보았다. "그녀는 항상 뭔가를 두려워해. 그녀는 여리지. 기분좋게 아래에서 그녀에게 미소를 보내는 것은 부당해. 그녀는 아무것도 알지 못하는데, 나는 여기 군중 사이 장난기 섞인 안전함 속에서 우위를 차지하고 있으니 말이야. 아름다운 것은 저렇게 숭배받고 높이 추켜올려져 있구나. 찬미하는 자가 가까이서 더 떨리지 않는가?" 평상시의 마누엘은 단단한 껍질에 둘러싸인 무거운 열매가 말없이 매달린 나무와도 같았다. 그는 태연했고, 자신을 신뢰했고, 해명을 서두르지 않고, 만족스러운 마음으로 우선 배불리 먹었다.

 음악회는 끝났고, 사람들은 흩어졌다. 그는 자신을 통제하고 있다고 믿었다. 그는 포기하기 전에 어떤 상황을 만들어보려고 시도한다. 그는 아무것도 하지 않는 것을 좋아하지 않기 때문에 스스로를 시험해본다.

주네브

　　　　　베른에서 프라이부르크까지는 걸어서 여섯 시간 거리다. 마지막 도시에서 나는 모든 경우에 대비해 양말을 샀고, 작은 꾸러미로 지나가는 아이들의 머리를 쓰다듬었다. 토요일 저녁이면 아가씨들은 행복한데, 모든 사람들이 쇼핑을 할 요량으로 거리로 나가서 일요일의 평온과 기쁨을 향해 문이 열릴 것처럼 서 있기 때문이다.

　나는 한 사내에게 로몽으로 가는 길을 물었다. 그는 걷기에 충분할지 검토하듯 내 신발을 내려다보았다.

　"거기까지는 멀어요"라고 그가 말했다.

　"상관없어요"라고 나는 대답했고, 네 시간 뒤에는 숙소를 잡고 앉아서 치즈를 먹고, 약간의 와인을 마신 후 자려고 누웠다. 눈을 감기 전에 애인을 생각했더니 재미있었다.

　로잔까지는 여덟 시간이 걸렸다. 한 성직자를 만나 모자를 벗었는데, 그들에게는 친절하게 존경을 표하는 것이 어울린다는 생각에서였다. 저 높은 곳에 위치한 작은 도시의 이름은 뤼다.

로잔에 이르기 직전 일요일이면 산책하는 무리들이 나를 향해 다가왔다. 계속 걸어 두 시간 후에는 모르주에 들어섰는데, 그곳의 교회는 마음에 들었고, 음식점들은 매력적으로 보였다.

롤까지 두 시간이 더 걸린다. 여기서 나는 어떤 원형 지붕 아래에서, 밤장수와 사내아이들 무리 옆에서 담배를 하나 말고 나서 1628년에 세워진 테트 누아르 여관으로 들어갔는데, 깨끗하고 믿을 만해 보이는 곳이었다.

아침 여덟시에 나는 길을 떠났다. 여러 시골 성들 옆으로 니옹을 지나 열한시에는 코페에 이르러 거기서 샐러드와 고기를 먹었다. 남미 사람인 듯한 주인은 내게 많은 것을 물었다.

뷔페 앞에 한 우아한 여인이 서 있어서, 내가 삼 분가량 그녀를 보며 즐겁게 눈요기를 하자 그녀는 그것을 느끼고는 자기 등을 문질렀다.

오후 세시에 나는 주네브에 도착해 카페에 들어갔고, 거기서 자녀들 집에 살면서 행복해 보이지 않는 한 노인과 마주쳤다.

"불화가 생긴 모양이군요." 나는 그를 위로하려고 애썼다. 멀리 보이는 포스터에서 '보르지아는 즐겁다 Borgia s'amuse'라는 글씨를 읽을 수 있었다. 상영중인 영화를 알려주는 것이었다.

주네브에서 사람들은 뭘 하지? 할일이 많고말고! 예를 들면 기운을 차리기 위해 제과점에 가서 곧바로 달콤한 과자를 얻을 수 있는지 물어본다.

이어서 구도심을 찾아가서 교회들을 올려다보며 칼뱅을 생각한다. 대리석판 하나가 한때 여기서 설교를 했던 스코틀랜드인 존 녹스*를 상기시킨다.

문 안으로 들어오려는 학생에게 초콜릿 하나를 선물할 수도 있고, 이어서 화랑을 구경하고, 몇몇 음식점에 영광을 베풀고는 아펜첼 출신 여성과 마주쳐 그녀에게 극장이 어딘지 물어본다.

기념비들 중에서 뒤푸르 장군과 브라운슈바이크 대공의 동상이 눈에 띄었다. 기념비 하나는 주네브가 스위스연방에 가입한 사실에 대해 말해준다.

박물관들과 고급스러운 개인 주택들을 살펴보고, 그 옆에 있는 많은 여자아이들이 예쁘다고 생각하며, 호텔 드 빌로 가서, 앞마당으로 나가 그곳이 눈에 띄게 아름답다고 생각한다.

주라 출신의 여종업원에게는 점잖게 말을 거는 것이 어울려 보였고, 우연의 장난처럼 나는 아르가우 출신의 한 젊은

---

* 칼뱅주의에 따라 장로파 교회를 창시한 종교개혁가.

이를 만났다. 우리는 거대한 백화점을 통과해서 지나갔고 시원한 저녁 공기 속에서 대도시에 어울리게 카페 앞에 앉는다.

주네브 주민들은 세련되고 친절해 보인다. 나는 매번 새로운 환경에 재빨리 익숙해지기 때문에 아몬드를 사서 소년에게 주고, 동행에게서 떨어져나와 코미디가 공연되는 작은 카지노에 앉고, 사람들이 춤을 추고 있는 술집을 찾는다.

밤 산책을 하는 동안 나는 루소 기념비로 치장된 작은 론섬에 이르렀고, 많은 움직임을 불러일으켰던 이 움직이지 않는 사람 앞에서 모자를 벗었다.

이 도시는 호숫가에 위치해 있기 때문에 뭔가 부드럽고 조용한 분위기가 깔려 있다. 부두에는 고급 호텔이 즐비하다. 그 위를 걸어가는 다리는 당신을 기분좋게 해준다. 나는 날씬한 여성의 뒷모습을 오랫동안 바라보는데, 그녀는 누군가와 닮아 보였다.

나중에 나는 슈바이처 호프에서 적절한 가격에 바라던 숙소를 찾았다. 돌아가는 여행은 기차를 탈 것이고, 걸어서 이틀이 걸린 길을 기차는 네 시간 반 만에 데려다줄 것이다.

도스토엡스키의 『백치』

　　　　　　도스토엡스키『백치』의 내용이 내 머리를 떠나지 않는다. 나는 반려견에 관심이 많다. 아글라야만큼 생기 넘치는 것을 찾지 못한다. 하지만 유감스럽게도 그녀는 다른 남자를 택할 것이다. 마리는 내게 잊히지 않는다. 나도 한때 어떤 당나귀 앞에 가까이 서 있지 않았는가? 누가 나를 장군 부인 예판친에게 소개할 것인가? 하인들은 이미 나에 대해 놀라워했다. 내가 뮈쉬킨가의 후예처럼 그렇게 예쁘게 글을 쓰는지, 그리고 수백만을 상속받을지는 의문으로 남을 것이다. 아름다운 여성의 신뢰를 받는 일은 굉장하겠지. 나는 왜 로고진 같은 상인의 집을 아직 보지 못했을까? 왜 나는 경련성 발작으로 고통받지 않는가? 백치는 허약하고, 사소한 인상만을 불러냈다. 어느 날 저녁, 화류계 여인이 그 앞에 무릎을 꿇은 선량한 젊은이. 나는 분명 뭔가 비슷한 것을 기대한다. 나는 콜랴라는 이름을 가진 이를 두세 명 안다. 이볼긴이란 사람을 만날 수 있지 않을까? 나는 꽃병을 집어던질 수도 있을 거야. 이를 의심하는 것은 자신을 과소평가한다고 할 수 있을 테지. 연설하는 것은 어려운 만큼 쉬운 일이기도 하다. 그것은 영감에 달려 있다. 나는 스스로 만족하지 못하는 사람들을 자주 만났다. 많은 사람들은 너무 스스로의 마음에 들고 싶어하기 때문에 편치 않다. 이후에 내가 슈나이더 연구소에 가게 된다면. 가장 먼저 나스타시야는 안심할 것이 분명하다. 나는 전혀 백치스럽지 않고, 오히려 모든 이성적인 것에 민감하다. 그리고 소설의 주인공이 아닌 것이 유감스럽다. 나는 그런 역할을 하기에 충분치 않고 때때로 너무 책을 많이 읽을 뿐이다.

파리의 신문들

권력의 향기가 흘러나오는 파리의 신문들을 읽기 시작한 이후로 나는 매우 고상해져서 인사에 대답도 하지 않고, 그것에 대해 전혀 놀라지도 않는다. 『탕Temps』을 손에 쥐고 있으면 나 자신이 무척 우아하게 보인다. 성실한 사람들에게 나는 앞으로 어떤 눈길도 보내지 않을 것이다. 파리의 신문들은 내게 극장 대신이다. 아무리 세련된 레스토랑이라 할지라도 내 발로 찾아가는 명예를 부여하지 않을 만큼 나는 까다로워졌다. 맥주 한 모금도 내 입술 사이로 넘어가지 않는다. 내 귀는 단지 프랑스어 발음만 허용한다. 나는 한때 진짜 숙녀인 한 부인을 흠모했다. 하지만 요즘은 『피가로』가 내 버릇을 나쁘게 한 만큼 그녀를 촌스럽다고 생각한다. 『마탱』이 나를 반쯤 바보스럽게 만들지 않았던가? 내 동료들이 위기의 시대인 오늘날 녹초가 되도록 글을 쓰는 동안, 나는 내가 읽는 신문들 때문에 기고만장해졌다. 내가 계획했던 파리 여행이 끝났다고 여기고, 신문을 읽는 동안 프랑스의 수도를 익혔다. 훌륭한 교제는 기분을 좋게 한다. 승자들의 신문은 최고의 교제를 가능하게 해 준다. 독일어의 언어적 산물은 내 앞에서 어떤 자비도 구하지 못한다. 내가 독일어로 말하는 것을 깡그리 잊어버린다고 무슨 해가 될까?

게르다

　　　　　항상 뭔가에 몰두하는 것. 내게 그것은 결코 끝나지 않고, 나는 거기서 상처를 입는다. 다른 사람이라면 그저 생각에 잠길 텐데.
　이번에는 게르다라는 사람이다. 예쁘게 잔물결이 일고 순진한 이름 아닌가.
　그녀의 아버지는 전사戰士 같은 성격으로 유명했다. 가수인 게르다의 어머니는 부득이한 이유들이 쌓일 만큼 쌓여 "그래, 이제는 이혼이다"라고 말할 정당성을 줄 때까지 오랫동안 이 냉담한 인물을 참고 살았다.
　그녀는 무대로 진출했고, 기분이 날 때면 매일 저녁 어떤 변명도 거부도 하지 않고 등장해서 자기의 노래에 귀를 기울이는 청중에게서 우레 같은 박수갈채를 받았다.
　그러는 사이 저 거친 남자는 지독히 지루한 생활을 이어갔다.
　어느 날 저녁 아버지와 딸은 쾌적한 온도의 공기에 부드럽게 휘감기며 가장자리가 예쁘게 장식된 테라스에 앉아 있었는데, 그녀는 딸들이 그렇듯이 많은 것을 약속하는 듯한 먼 곳을 꿈꾸었고, 아버지는 광고지에서 광고를 읽었다.

다른 날 그는 "그 여자는 꼭 그래야만 했나?"라고 내뱉으며 곧장 일어나 그녀를, 말하자면 예술의 세계로 넘어간 아내를 찾아갔는데, 항상 거칠게 대하는 행동 외에 다른 어떤 것도 하지 않았지만, 그는 아직도 당연히 그녀를 사랑했다.

"누구시라고 전할까요?" 하인이 물었다.

"어떤 신사라고 하시오." 자신을 필시 그렇게 여기는 남자가 대답했다.

그가 수없이 명령을 내렸던 그녀를 면회할 때까지는 오래 걸렸는데, 조심하려 했다면 차라리 중간에 그만두었어야 했을지도 모른다.

"뭘 원해요?"라고 그녀는 철저히 훈련된 여가수들의 금빛 톤과 은빛 목소리로 물었고, 그 순간에 어울리든 어울리지 않든, 나이들기 시작하고 그것에 대해서는 내심 아무것도 알고 싶지 않은 여인은 힘껏 자기 애인을 껴안았다.

그 사람은 농부 호르스트였다!

독자여, 충분히 알려진 이 애인의 이름에 대해 얼마간의 미소를 짓지 않을 수 없으리라.

호르스트는 포옹 때문에 거의 숨이 막힐 듯이 보였고, 사람들은 그를 거의 볼 수가 없었다.

상황의 지배자인 이 여인은 자기 앞에 서 있는 사람을 알아보고는 이 무모한 남자에게 말했다.

"내가 내 식대로 새로운 삶의 형태와 살아가는 방식을 찾았는데 이제 와서 뭘 원하나요?"

그는 잠시 말없이 있다가 뒤이어 "나는 여기서 아무것도 찾을 게 없군"이란 말 외에는 다른 말을 하지 않았다.

"그걸 깨달았다니 다행이네요."

"한 가지만 말하겠소. 당신을 사랑하는 딸을 생각하고, 당신 곁에 충실히 머물지 않을 것이 분명한 당신 애인은 아마도 딸에게도 많은 것을 남길 거요."

"정중하지도 않고 고통도 모르는 당신은 승리에 찬 내 표정 앞에 몸을 떨며 내 면전에서 최대한 무례하게 굴려고 여기 왔나요? 나가주세요."

그는 자신의 임무를 다한 것처럼 보였기에 돌아갔고, 서서히, 그리고 더디긴 하지만 그가 암시했던 일이 일어났다.

망가진 정원에서 자란 매력적인 식물 같은 게르다에게서 피아노 반주자가 놀랄 정도로 예기치 않은 재능이 발전해갔고, 그 아이는 자기 엄마처럼 그렇게 황홀하게 노래를 했다.

게르다가 데뷔할 때 호르스트는 그녀의 연주를 듣고는 그때부터 결혼에 대한 욕망을 도무지 걷잡을 수가 없었다.

근데, 내가 뭘 잊어버렸지? 대단히 고통스럽지만 사랑으로 온전히 소진된 호르스트를 자신의 족쇄에서 놓아주어야만 했던 엄마의 이름이 잘바티니라고 말하는 것을 빼먹었군.

그녀는 고상한 태도와 행동이 필요하다는 것을 아무리 이해하려 해도 무수한 한숨이 뒤따랐다. 그녀는 음악작품에 헌신했고, 평범하지만 어쩌면 바로 그 때문에 더 아름답게 노래하는 가슴과 억제된 호흡에 내맡겨진 행복한 가정주부 역할을 게르다에게 넘겨주었다.

호르스트는 농담과 수다로 가득한 경이로운 해변의 밤을 경험했다.

게르다는 종종 그에게 말했다. "제발 좀 똑똑해지세요."

그는 신뢰할 수 있을 정도로 땅을 경작해서 들판과 농지는 이제 합리적인 작업을 통해 김을 내고 땀을 흘린다.

처음에는 분열되었지만 산처럼 높이 쌓이고, 그런 다음에는 평평해지고, 가벼워지고, 신중함으로 매끄럽게 되는 사랑의 충만함보다 더 아름다운 것이 있을까?

말과 곰

말

아름답게 가꾸어지고, 안장을 얹은 말은 기고만장해도 좋다. 힘찬 다리가 지닌 속성은 무엇인가? 말의 고상한 행동에 대해서는 의심할 바가 없다. 이따금 말의 신중한 눈은 조금 슬퍼 보인다. 왜일까? 말이 우리에게 즐거움을 주는 자신의 모습에 불만을 가지고, 스스로를 이해하지 못하거나 아니면 너무 잘 이해하기 때문일까? 녀석은 품위 있게, 초조하고 부드럽게, 매력적인 저항심과 동시에 공손함으로 기수騎手를 참아낸다. 머리를 길게 늘어뜨린 아름다운 여인이 장갑 낀 손에 가볍게 채찍을 쥐고, 무엇을 꿈꾸는지 알 수는 없지만, 말의 목덜미와 머리를 잡고 갈색 털을 쓰다듬으며 말을 살펴보고 대화를 나누자, 말은 털어놓는 속마음을 듣고 있는 듯이 보인다.

곰

그렇다면 곰은 얼마나 다른가. 엄밀히 말하자면 곰은 아름답지 않고, 쿵쿵거리는 움직임이 차라리 약간은 우스꽝스럽지만, 노련하면서도 서툴러서 그 녀석을 어떻게 이해해야 할지 알 수가 없다. 녀석이 당신에게 앞발을 내밀면 당신은 무의식적으로 뒤로 물러난다. 당신이 겁을 먹는 것이 녀석의 기분을 상하게 할 수도 있다고 생각지 않는가? 곰은 자기애가 있다. 간밤에 나는 곰에 관한 꿈을 꾸었는데, 우스꽝스러운 꿈의 이미지 앞에서 나는 완전히 털북숭이가 되었다. 나는 곰에게 동정심을 가졌는데, 곰이 한 여자아이를 향해 앞발을 내밀었을 때 여자아이는 섬세함 그 자체였고, 녀석은 미숙하고 빗질도 하지 않은 채였는데 그거라도 좀 가꾸었더라면…… 여자아이가 "날 내버려두세요"라고 말하자, 그는 말과 손짓을 이해한 사람처럼 꼿꼿하게 떠나서는 침대 속으로 들어가 이불을 뒤집어썼다.

켈러*의 노벨레

지나치게 미화하지 않고 신중하게 말하자면, 나는 약간 기분이 좋아져서 보다 예리한 분별력을 찾기 위해 한 레스토랑에 앉아 커피를 마셨다. 그때 나는 아주 풍만한 어느 부인이 커틀릿과 콩을 먹으면서 내 앞 상당히 가까운 거리에 앉아 있는 것을 알아차렸다. 나는 그녀를 관찰하기 시작했고, 그녀가 표정과 소리 없이 움직이는 발로 어떻게 재밋거리를 만들려고 하는지를 알아차리고는 만족감을 느꼈다. 맙소사, 사람들은 늘 심심풀이로 뭔가를 하려 한다니까! 쌍방 간의 교감이 멋지게 전개되었다. 내게는 신문 가판대까지 걸어갈까 하는 생각이 떠올랐는데, 그러면 이 흠모하는 여인 곁을 부드럽게 스쳐지날 수 있을 것이라는 계산이었다. 나는 그녀가 친절하게도 손수건 같은 뭔가를 떨어뜨리기를 바랐고, 그러면 나는 그것을 주워서 한층

---

* 고트프리트 켈러. 19세기 독일어권 스위스 작가이자 시인. 대표작으로 『녹색의 하인리히』가 있다.

다정하고 은밀한 관계 속에서 그녀에게 다가가리라. 무엇보다 사랑스러운 작은 입을 가진 그녀의 얼굴은 둥글고 선량해 보였다. 감수성이 있는 사람이라면 어떻게 그것을 보고 다가가고 싶은 욕구를 느끼지 않겠는가! 내가 가지고 온 신문에는 심히 놀랍게도 켈러의 단편 「마을의 로메오와 율리아」가 실려 있었다. 나는 이 우연을 흥미롭게 여기고, 우연이 내 손에 가져다준 소설을 읽으며, 아름다운 여인을 포함하여 온갖 종류의 생각과 좁은 내 주변을 깡그리 잊을 정도로 읽는 데 빠져들었다. 기분좋고 견고하게 배치된 경이로운 문장 하나하나에서 뭔가 성스러운 것이 자연스럽게 솟아오르며 쓰여졌다기보다, 아니 정말로 시를 쓴 듯이 내 주변에서 살아 움직였다. 때때로 나는 주변을 둘러보았다. 일상의 형상들은 더 단순하고 더 중요해졌고, 그렇게 고상하게 들려주는 내용을 읽을 때라면 당연한 것이겠지만, 나는 나 자신이 정말로 젊어진 것만 같았다. 묵직함과 우아함을 대단히 매력적으로 조화시키는 능력을 갖춘 작가의 필력으로, 인간의 삶에서 부당한 선을 소유하는 것이 초래하는 불행에 관해 서술하는 부분이 특별히 아름다웠고, 낭만적인 방랑자 오두막에 있던 술꾼들이 프레넬리와 잘리처럼 행복에 취한 불행한 사람들을 남다른 심오한 기질을 이유로 어떻게 그렇게 솔직하게 동정하고 시기하는지를 암시하는 삽입 부분은 더 감동적이지는 않아도 마찬가지로 아름다웠다. 나는 짐짓 나 자신이 말없이 자랑스러워지고 그사이 경험했던 많은 일에도 여전히 젊은 시절처럼 줄거리의 진행과 얽힘, 말하자면 훌륭한 국가적 자산에 속하는 이 작품이 보여주는 분명한 위대한 형식을 쫓아갈 수 있었고, 그 같은 귀기울임과 즐김이 단지 나 자신뿐 아니라 온 국민을 위한 것임을 느끼면서 주변을 돌아보았을 때, 아까 곁눈질을 했던 그 부인이 더는 홀 안에 없다는 것을 알아차렸다. 그녀가 내게 제공할 수 있는 것보다 더 강하고 심지어는 더 사랑스러운 것에 마음을 빼앗겼다는 사실을 여자의 직감으로 알아차리고는 내가 마음과 정신에 활기를 얻어 마음껏 누렸던 시간에 나가버린 것은 아주 합당하고, 심지어는 세련된 감각이라고 생각했다. 의도치 않게 그녀에게서 벗어난 나 자신이 그녀에게 잘못된 행동을 했다고 비난할 필요는 없었다. 더 아름다운 것이 아름다운 것에서 나를 빼앗아갔으니……

쿠르트*

쿠르트는 불량배였고, 적어도 사람들에게 그렇게 받아들여졌다. 그가 자신의 행동을 개선하자 그때는 속물이 되었다. 속물이 된 그는 불량배 시절보다 더 거칠어졌다. 하지만 나는 이 일화를 이야기하기보다는 분석해보려고 한다. 어딘가에는 기혼자들만 보도록 허용되는 잡지가 있다는 걸 보면 나는 서둘러 결혼을 해야겠다. 쿠니군데**는 고독하게 카페에 앉아 나의 무정함 때문에 실컷 울고 있다. 나는 다음과 같은 것을, 말하자면 나의 정신은 신혼 침대에서 자신의 부활을 축하하게 되리라는 것을 믿는다. 최근에 나는 편지 한 통을 받았다. 거기에 뭐라 적혀 있었냐고? 내가 고트프리트 켈러의 나쁜 사례를 따르지 말았으면 하는 감동적인 당부였다. 군계일학이 되는 것은 매우 아름다운 일이라고. 나는 다음과 같이 답변했다. "한 풍만

---

* 켈러의 단편 「마을의 로메오와 율리아」의 등장인물.
** 켈러의 단편 「하들라우브」의 등장인물.

한 시골 여인이 나의 처분을 기다린다"라고. 나는 결혼한 반쪽에게 가야 하는 것과 마찬가지로 예술작품에도 가야 한다. 가장 좋은 것은 아이를 하나 낳고 거절하지 않을 출판사에 작품을 내미는 것이다. 내 아내는 매일같이 내게 비난을 퍼부을 것이기 때문에 나는 걸쳐입을 겉옷이 필요할 것이다. 그리고 나는 아이에게서 배울 것이다. 얼마나 희망에 찬 미래인가!

입센의 노라* 혹은 뢰스티**

언젠가 한 배우가 헬머 역으로 데뷔를 했다. 그는 편지를 읽는 저 5막에서 미소를 띠며 상황을 그다지 비극적으로 받아들이지 않고 오히려 거만하게 말했다. "여보 노라, 빨리 내게 뢰스티나 만들어주구려. 알았소?" 이 기이한 말에 관객들이 숨을 죽이고 귀를 기울였다. 노라는 깜짝 놀랐다. 어떻게 그녀의 남편이 소심함이란 겉옷을 저렇게 갑자기 벗어던질 수 있단 말인가? 객석에서 불안감이 느껴졌다. 심오한 눈빛으로 말하는 위의 평범한 요구는 모든 이들에게 대단히 독특하게 보였지만, 아무도 야유를 보내지는 않았다. 모든 가치가 전도되어야 하는 상황에서 감자 요리에 대해 말하는 것은 심한 일이었다. 노라의 엄청난 말들은 모두 중단되었다. 헬머는 검증의 대가처럼 테이블 모서리 쪽에 태연하게 앉았다. 그가 정말 뢰스티를 좋아

---

* 입센의 희곡 「인형의 집」의 주인공.
** 감자를 갈거나 채 쳐서 기름에 부친 요리.

하는지 믿을 수가 없다고 노라는 중얼거렸고, 그녀의 당황하는 모습은 매력적으로 보였다. "내가 말하는 것은 사실이오"라고 그녀의 상대역이 대답했다. 입석 관객들은 머리를 이리저리 흔들었다. 갑자기 노라는 경이로움에 사로잡혔다. 관객들은 어리둥절해졌다. 헬머가 예상치 못한 말을 하는 것이 그녀에게는 만족스러웠다. 사람들은 그에게 박수를 치지는 않았지만 그를 마음에 들어했다.

쇼윈도

　　　　　쇼윈도를 들여다보는 것을 즐기지 않을 사람이 있겠는가? 사람들은 눈길로 힐끗 초콜릿을 맛본다.
　여기서는 모자가, 저기서는 넥타이가, 또다른 곳에서는 비엔나소시지와 프랑크푸르트소시지가 관심을 끈다. 우리는 이따금 아주 대단한 것을 공짜로 얻기도 하는데, 예를 들면 유명한 대가의 작품을 모방한 모사품을 보는 것이다.
　오렌지 옆에 지혜로운 보랏빛 제비꽃 다발이 산뜻하게 놓여 있다. 우리의 눈은 우리에게 엄청난 즐거움을 선사한다.
　골동품가게에는 스위스 전투 장면들이 진열되어 있다. 그 전투가 당시에 얼마나 치열하게 진행되었는지 보면 사람들은 놀란다. 보다 나은 측면에서 인생을 즐길 가능성은 투쟁을 해서라도 얻어져야 한다.
　나는 에멘탈치즈와 그뤼에르치즈 같은 영양가 있는 것들을 알아본다.
　최신 유행하는 옷가게들은 탁월한 외모를 암시한다. 옷을 잘 입는 것은 전혀 해가 되지 않는다. 나는 아르버가에 있는 빵집에서 종종 사과가 든 빵을 먹지 않았던가?

카페는 셍켈리*와 팬케이크로 바쁜 사람들을 유혹한다. 코르셋이나 다른 것들을 뚫어지게 쳐다보는 것은 신사에게는 어울리지 않는다. 하지만 저널리스트에게는 허용될 것이다.

여성용 타월에는 아주 사랑스럽게 수가 놓여 있다. 손수건 하나 때문에 오셀로는 자기 아내에게 온갖 난리를 피웠었지.

나는 일찍이 여성에게는 신발을 선물하지 않는다는 말을 들은 바 있다. 신발은 스스로 사는 것이 여성들에게 어울리는 것이다.

보석가게는 반지와 머리핀, 목걸이들로 반짝거린다. 문구점은 당신이 이따금 편지 쓰기에 유용한 물품들을 눈앞에 내놓는다.

최근에 나는 한 중고품가게에서 팔을 옆으로 뻗고 발에 구멍이 뚫려 있는 상아로 된 작은 예수상을 보았다.

여기서 나는 다시 한번 스케치만 했으나, 원래는 더 많은 것을 해야 했다.

---

*도넛과 유사한 스위스의 전통 과자.

뵈리스회퍼*

어린 시절에 나는 뵈리스회퍼의 책들을 읽었는데, 그중 하나가 기억에 남은 이유는 그 안에 들어 있던 삽화 때문이다. 한 젊은 독일인이 비스마르크 시대의 복장을 한 어머니와 작별하고 배를 타고 마다가스카르로 떠났는데, 그곳에서 그는 자신의 운명을 시험해볼 기회를 얻었다. 항상 그를 충실히 따라다니는 총기와 함께라는 말이 아주 제대로 표현된 것은 아닌 것이 엽총은 함께 걷는 것이 아니라 둘러메는 것이기 때문으로, 이 총기로 그는 원주민을 낚아채는 악어 한 마리를 쏘아 죽였다. 이 동물이 충분히 계산하지 않은 일을 하기 위해 이미 아가리를 벌렸을 때, 때마침 총알이 날아와 이른바 성스러운 연못이 붉게 물들었고, 이 탐욕스러운 놈을 해치우자 악어의 망상에 희생될 뻔했던 불쌍한 사람은 목숨을 건졌다. 그 대신 이제는 이 젊은 이의 목숨이 위험에 처하게 되었다. 사람들은 그가 인류에

---

* 19세기 독일의 여성 작가로 주로 아동 청소년 문학작품을 펴냈다.

로 했던 일을 죄악으로 간주했다. 사방에서 원망이 들끓었고, 그는 죽어야만 할 판이었다. 하지만 요행히 달아날 수 있었고, 우리는 그가 동반하는 여성은 아니더라도 성실한 추종자를, 그것도 뱀을 때려잡기 위해서 어떻게 이용하는지를 보았다. 대단한 파충류는 그의 하인을 집어삼키는 것 외에 다른 생각은 전혀 없었으나, 이 멋쟁이 신사에 의해 저지되었고, 그는 파충류에게 최후의 일격을 가했다. 넝쿨진 식물과 표범이 우글거리는 길과 원숭이들이 살고 있는 원시림을 지나갔다. 한 흑인 제국와 흑인 마을에서는 여제후가 세상을 떠났다. 그러자 그녀의 남편이 술에 취했는데, 그것은 하나의 관습이었고 조상 대대로 이 같은 상황에서는 그렇게 하도록 훈련되어 있었다. 그때 그는 춤을 추기 시작했고, 노예들이 그를 따라 하자 전혀 원치 않았지만 그들의 목을 베었다. 대장은 냅킨이 없는 탓에 뭘 먹느라고 기름기가 묻은 손가락을 멋지게 곱슬거리는 어느 부하의 머리에 닦았다. 젊은이는 밤이 되자 낙타의 한쪽 다리를 기어오르는 살모사를 처치한 후에 기본적으로 이런 불쾌한 일들에서 해방되는 유럽으로 다시 돌아갔는데, 그곳에서는 이 모험심 강한 아들을 자랑스럽게 여기는 어머니가 기뻐서 소리를 지르며 그를 껴안았고, 앞으로는 집에 머물러 있으라고 당부했다.

모범적인 사람

내 동급생 하나는 이미 어린 소년 시절부터 지독히 성실했다. 나머지 우리들은 그를 별로 존중하지 않았다. 그의 복종심이 우리 마음에 들지 않았던 것이다. 그는 살집이 거의 없었고 너무 말라서 속이 들여다보일 지경이었다. 그는 마치 막대기처럼 끔찍이 예의바르고 기품 있게 걸었다. 그는 페인트칠을 하는 데는 쓸모가 없었다. 다른 사람들, 예를 들어 피르다우시*의 시에 대해, 걸려 넘어지는 그뤼링에 대해 우리는 웃을 수 있었다. 하지만 그 녀석은 어떤 사소한 웃음거리도 제공하지 않았다. 비록 그의 약점은 충분히 눈에 띄었지만, 그는 가장 높은 곳을 추구하는 것처럼 보임으로써 웃을 만한 이유를 만들어주지 않았던 것이다. 그의 부모님은 신시가지에 살았고, 그의 아버지는 공증인이었다. 어머니는 아들과 마찬가지로 육체적 풍만함을 드러내는 데 대단히 인색했다. 그의 신중함에 대한 기억은

---

*중세 페르시아의 서정시인.

내 마음을 아프게 한다. 어쩌면 사람이 그렇게 무미건조할 수 있을까? 악동으로 간주되지만 그런 명성이 선량한 사람이 되는 것을 막지는 않았던 어느 학생의 위트는 우리를 얼마나 웃게 만드는가. 그는 오늘 기고만장한 생각이라고는 한 번도 해본 적이 없는 것처럼 행동한다. 그의 무결점 때문에 다른 학생이 처벌을 받았다. 신은 인간의 처벌할 수 없는 상태에 대해 별로 관심이 없는 모양이다. 이른바 바보들은 계속되는 즐거움을 위해 무엇이든 제공해주지 않았던가. 우리는 그 점에 대해 그들에게 고마워했던가? 아니다. 하지만 우리는 그들을 좋아했고, 우리의 감탄을 자아내지 못해도 그들을 존중했다. 그들은 뭔가 유용했지만, 오로지 노력하는 자는 우리에게 낯설게 받아들여졌다. 전혀 흠잡을 데 없다는 것은 얼마나 역겨운지. 내가 오래 떠나 있다가 고향에 돌아왔을 때 나는 그가 불행을 겪었다는 사실을 알아차렸다. 그의 상승은 그를 추락하게 했고, 이웃들이 그에 대해 가졌던 호의적인 생각은 그것과 더불어 무너졌다. 탁월한 사람이라고 불운을 겪지 말라는 법이 있겠는가?

옛날 극장이 준 인상에 대하여

　　　　　　　　　내가 본 최초의 연극 공연은 실러의 〈피에스코〉였다. 연출자가 주인공 역을 맡았고 매우 화려한 의상으로 빛을 발했다. 부인들은 붉고 검은 우단을 입었다. 얼마나 매력적인 면면이었는지! 과거에 받은 인상은 나중에 얼마나 풍요롭게 기억되는가. 젊을 때는 예술과 인생이 무척이나 흥미롭게 보이는 법이다. 피에스코는 매력적으로 꼰 콧수염을 하고 당당하고 경이롭게 말했다. 나는 자신의 딸에게도 꽤나 가혹했던 엄격한 윤리관을 지닌 아버지에게 존경심이 들었는데, 그러면서 그의 언어가 더할 나위 없이 탁월하다고 생각했다. 군중은 인상적이라기보다는 오히려 빈틈이 있어 보였다. 외투가 잡아당겨지자 제후는 물속에 첨벙 빠졌다. 찢어진 아마포가 바다를 표현했다. 하나의 장면을 믿기 위해서 많은 것이 필요하지는 않다. 〈마탄의 사수〉에서 한 가수는 자신의 강렬한 연기로 늑대골짜기 Wolfsschlucht를 늑대의 비웃음 Wolfsschälucht으로 바꿔놓았다. 〈오셀로〉에서 질투심 가득한 무어인은 얼마나 다채로운 색깔의 잠옷을 입었던

가. 이아고는 애타는 마음을 표현하듯 엉클어진 머리 모양을 하고 위선자처럼 다가왔다. 그 머리 모양은 그에게 아주 단순한 사람의 외모, 생각하는 멍청이의 외모를 부여했다. 사랑하는 남자는 복수의 행위를 하며 멋진 대사를 했는데, 그 말이 울리는 동안 화려한 침대가 덜덜 흔들렸다. 나는 햄릿 공연 또한 어느 정도 관심을 가진 사람들 앞에서는 쓰지 않는 언어를 사용하는 시절에 경험했다. 고상하게 들리는 그의 이름 때문에 나는 순회공연을 온 햄릿을 존경했는데, 만약 그가 공연 동안 나의 쪽지를 받을 수 있었다면 나는 많은 것을 적어주었을 것이다. 햄릿의 태도는 아주 아름다웠고, 오필리아는 매우 사랑스러웠다. 왕은 속삭이듯 말했고, 어머니는 불안한 듯한 대사를 주로 했다. 레어티스는 키가 컸고, 얼굴은 정의감 때문인지 자줏빛이었다. "사랑스러운 이에게 사랑스러운 것을—"과 같은 대사나 그에 뒤따라오는 것들은 여배우에게는 거의 행운이 아닐까?

교사와 짐꾼

짐꾼은 되지 말 것, 그것만은 되지 말 것. 그런데 왜? 그 짐꾼은 자기가 예전에 집으로 내쫓았던 가정교사 앞에서 무릎을 꿇어야 하기 때문이다. 선생이 쫓겨날 때 그는 그에게 그것을 장담했고, 결국 그렇게 되었다. 자신의 딸에게 소포를 전달하는 것! 만약 내가 그런 일을 해야 한다면 나는 그 자리에서 죽어버릴 것이고, 그래, 나는 그런 무리한 요구에 정신을 놓아버릴 것이다.

잃어버린 아들들은 분명 이해할 만하다. 그러나 잃어버린 아버지는 수치심으로 수염을 잃는다. 그는 수염을 집어들어 다시 턱에 붙이고 눈을 씻는다.

나는 이 멜로극의 광경을 품위 있게 견디고, 믿을 수 없는 것을 침착하게 참아냈다. 한 여성 예술가는 훌쩍거렸고, 어느 중노동자는 격정에 못 이겨 밖으로 뛰쳐나갔다. 연극평론들에 나온 대로, 배역들은 훌륭하게 연기되었다.

한때 우아했던 남자는 우아하지 못함에서 모든 것을 능가했고, 우아함에 도달한 과거에는 투박했던 사람이 자기와 같은 부류를 찾아오는지 비틀거리며 주변을 돌아보았다.

예전에 자의식에 차서 들여다보던 사람은 옹색하게 내다보았고, 지금은 예전에 비굴했던 사람이 지배하고 있었다.

"아버지, 당신은 일일 노동자로 전락했군요"라고 딸이 말했다. 아버지는 말했다. "애야, 화가 나서 내 수염이 떨어져 나갔단다."

무대 위에서의 감동 주기와 객석에서의 감동 받기가 사과 두 쪽처럼 잘 맞아떨어졌다.

가정교사에게 용서를 비는 아버지를 봐줄 만하다고 생각하는 동안 나는 나 자신에게 경탄했다. 나의 태도는 당당했다. 연출자가 내게 속삭였다. "빙클러는 매번 잘 해결해낸다니까."

나는 고개를 끄덕였다.

극장 안은 쥐 죽은 듯 조용했다.

오, 대단히 인상적이군요!라고 나는 당신에게 말한다. 난 더 훌륭한 것을 보지 못했어요!

이제 박수갈채가 쏟아졌다. 연기자들은 감사하고 대가를 받았다.

아저씨

　　　　　결혼 적령기가 된 두 딸을 가진 슈마이헬* 부인이 한 아저씨를 떠올렸는데, 그녀는 그의 덕을 볼 수 있을 것 같았다. 그 아저씨의 이름은 슈티젤**이었는데, 그는 태양을 보고 기뻐하듯 자신의 한심함을 즐겼다. 그가 지루해하지 않도록 슈마이헬 부인은 새들의 정원으로 둘러싸이고 거기서 하루종일 새들이 쨱쨱거리는 그의 집으로 두 딸 중 하나를 보냈다. 선물 아저씨는 찾아온 조카딸을 온통 선물꾸러미에 파묻히게 했고, 선물로서 포장된 물건들이 사방으로 날아다녔다. 모든 포장지마다 뭔가가 들어 있었다. 아저씨는 아무 거친 뜻도 없음을 증명하려는 듯 조카의 키스를 받았는데, 그것은 그의 혈관을 타고 내달렸다. 그러고 나서 이 말괄량이 조카딸이 상당한 나이에 이르러 드디어 얻은 삶의 행복으로 떨고 있는 아저씨의 품에 안기자, 그는

---

* 독일어로 '아침'이라는 뜻.
** 독일어로 '한심한 남자'라는 뜻.

이 예상치 못한 성공에 5프랑짜리 동전만한 새의 눈을 했다. 그녀에게 나누어준 아저씨의 존재는 헬마에게는 아주 만족스러운 것이었지만, 그때 예상치 않게 문이 열리고 어떤 형체가 나타났다. 그것은 예비교사의 모습을 하고 있었고, 그것으로 아저씨의 황홀경에 종지부가 찍혔다. 그녀는 자신이 한심한 남자보다 더 나은 남자에게 어울린다는 것을 깨닫고는 자신의 미래를 향해 나아갔고, 아저씨와 바깥 정원의 새들은 이 사건을 입증했다.

원숭이

부드럽지만 어느 정도는 냉혹한 이 이야기는 어느 날 한 원숭이가 얼마간 죽치고 앉아 있을 목적으로 카페에 갈 생각이 떠오르는 것으로 시작된다. 그는 전혀 멍청하지 않은 머리에 빳빳한 모자를 썼는데, 그 모자는 챙이 넓은 모자였을 것이고, 손에는 한때 신사복가게에 전시되었던 가장 우아한 장갑을 끼고 있었다. 양복은 나무랄 데 없었다. 능숙하게, 깃털처럼 가볍게, 그 자체로 불만하지만 약간은 자신을 드러내는 몇 차례의 뜀박질로 그는 차 마시는 공간으로 들어섰는데, 잎사귀가 살랑거리는 듯한 기분 좋은 음악 소리가 들려왔다. 원숭이는 어디에 앉아야 할지, 겸손하게 구석에 앉아야 할지 혹은 당당하게 한가운데에 앉아야 할지 당혹스러웠다. 그는 후자를 택했는데 원숭이도 예의바르게만 행동한다면 자신을 드러내도 된다는 생각이 들었기 때문이었다. 멜랑콜리하지만 즐겁게, 편견 없는 동시에 수줍게 그는 주변을 돌아보고는 체리 주스로 만들어진 듯한 입술을 가진 여러 아름다운 아가씨들의 얼굴과 순수한 휘핑크림 혹은 크림으로 만든 것 같은 과자들을 발견했다. 아름다운 눈들과 부드러운 곡조는 서로 경쟁하는 듯했고, 원숭이가 시중을 드는 여종업원에게 고향의 억양으로 자기가 털을 긁어도 되는지 물었다고 쓰는 동안 나는 이야기꾼의 존엄과 기쁨으로 사라질 것만 같았다. "원하는 대로 하세요"라고 종업원은 친절하게 대답했고, 이 명칭이 어울린다면 우리의 신사는 이 같은 허용을 대단히 확대해 적용했으며, 그러자 앉아 있던 숙녀들 일부는 웃었고, 다른 일부는 그가 하는 행동을 보지 않으려 고개를 돌렸다. 눈에 띄게 아름다운 여성이 그의 테이블에 앉았고, 그는 곧바로 재치를 발휘해 그 여성을 즐겁게 해주기 시작했다. 그는 날씨에 대해 말하고, 그다음에는 문학에 대해 말했다. 그가 자기 장갑을 공중에 던졌다가 능숙하게 붙잡는 것을 보면서 '이 작자는 독특하군' 하고 그녀는 혼자 생각했다. 그는 담배를 피울 때 입을 매력적으로 찡그러뜨렸다. 담배는 쓸쓸한 얼굴색과 생기 있게 대조를 이뤘다.

그 아가씨의 이름은 프레치오자였는데, 시골 여자 같은 아주머니를 동행한 채 마치 발라드나 로맨스처럼 홀 안으로 들어왔고, 그때부터 침착한 원숭이 주변에 지금까지 전혀 경험하지 못했던 사랑이라 불리는 것이 생겨났다. 이제 그는 그것을 경험했다. 모든 어리석은 것들이 갑자기 그의 머리에서 사라졌다. 그는 확고한 걸음걸이로 이 선택받은 여성에게로 다가갔고, 그녀가 아내가 되어주기를 갈망하면서, 그러지 않으면 사람들이 그가 정신적으로는 미숙하다는 것을 알아차릴 수 있는 일들을 도모했다. 그 젊은 숙녀는 말했다. "집까지 같이 가요. 하지만 당신은 남편으로는 소용이 없을 것 같군요. 당신이 훌륭하게 행동한다면 매일 코를 한 번씩 쥐어박을게요. 표정이 환해지네요! 당신이 그러는 걸 허락할게요. 당신은 내가 지루하지 않게 돌봐줘야 해요."

그렇게 말하며 그녀가 우아하게 일어서자 웃음소리가 원숭이에게서 울려나왔고, 그녀는 대가로 그의 뺨을 때렸다.

집에 도착하자 그 유대인 여성은 아주머니를 손짓으로 물러가게 한 후에 금빛 다리가 달린 값비싼 소파에 앉았고, 그림 같은 자세로 자기 앞에 서 있는 원숭이에게 원숭이다운 존재가 의미하는 바에 따르면 그가 누구인지를 말해보라고 요구했다.

"저는 한때 취리히베르크에서 시를 썼는데, 그 시들을 여기 있는 예찬자에게 인쇄해서 내놓습니다. 당신의 눈이 나를 깔아뭉개려고 할지라도 그것이 불가능한 것은 당신의 모습이 항상 나를 일으켜세우기 때문이고, 나는 이전에는 종종 숲에서 나의 친구인 전나무들에게로 가서 그 우듬지를 올려다보며 활기로 노곤해지고 즐거움으로 멜랑콜리해질 때까지 이끼 속에 몸을 뻗었답니다."

"게으름뱅이로군요." 프레치오자가 말했다.

이미 대담하게 관찰을 한 이 집안의 친구는 다음과 같이 말을 계속했다.

"한번은 치과의사의 청구서를 계산하지 않은 채 내버려 두었는데, 그럼에도 내가 잘 지낼 거라는 믿음에서였고, 내게 호의적으로 많은 것을 허용해주던 보다 나은 계층 출신의 여성들의 발치에 앉았지요. 그런 다음 가을에는 사과를 따고, 봄에는 꽃을 꺾으며, 한동안 켈러라는 이름의 시인이 자랐던 곳에서 살았다는 것을 당신에게 말해주고 싶은데, 그에 대해서는 당신이 알 필요가 있는데도 전혀 들은 바가 없는 것 같군요."

자비로운 여성은 "부끄러운 줄도 모르고!"라고 외쳤다. "나는 당신과 헤어져서 당신을 불행하게 만들 생각이 있지만 그래도 가련하게 여기려 해요. 하지만 다시 한번 더 신사답지 않게 행동한다면 당신은 면전에서 영영 끝장이고 그럼 나를 그리워하지도 못할 거에요. 이제 계속해봐요."

그는 새롭게 시작했고, 다음과 같은 것을 들려주었다.

"나는 한 번도 여성들에게 많은 것을 주지 않아서 그들은 나를 높이 평가하지요. 아가씨, 당신에게서도 나는 아주 단순한 멍청이에 대한 존경을 알아차릴 수 있는데, 그는 그래서 이전부터 숙녀들에게 예의 없는 말을 했고, 그 때문에 그들은 화를 내고 나중에는 다시 만족해했지요. 나는 영사 신분으로 콘스탄티노플로 갑니다."

"허풍쟁이 씨, 거짓말하지 마세요."

"그리고 어느 날 안할터* 역에서 한 궁정 시녀를 보았는데, 말하자면 다른 사람이 그녀를 알아보았고 나는 쿠페 자동차 안에서 그 사람 옆에 앉아 있어서 그가 내게 그 사실을 말해줬지요. 여기에 테이블이 없기 때문에 나는 그 깨달음을 단지 상상만으로 차려놓는데, 내가 내 말솜씨를 실험하자 식욕이 생겨 가득 차려진 테이블을 얼마나 갈망하는지."

"부엌으로 가서 음식을 가져와요. 나는 그사이 당신의 시를 읽을게요."

그는 자기에게 명해진 것을 행하려고 부엌으로 갔지만 음식을 찾을 수 없었다. 아니면 그는 부엌을 찾지 못한 채 그 안으로 들어갔던가? 글 쓰는 오류가 여기에 끼어들었다.

그가 다시 프레치오자에게 돌아왔을 때 그녀는 거기 놓여 있는 그의 시들 위에서 동양의 동화에 나오는 그림처럼 잠들어 있었다. 그녀의 손 하나는 포도송이처럼 아래로 늘어져 있었다. 그는 아까 부엌을 찾지 못한 채 어떻게 그 안으

---

* 19세기부터 1950년대까지 베를린에 있던 열차역.

원숭이 57

로 들어갔는지, 자기 안에서 오래오래 침묵했지만 피할 수 없는 욕망이 그를 곤경에 빠뜨렸는지 보고하려 했다. 그는 잠든 여성 앞에 서서 아름다움과 성스러움 앞에 무릎을 꿇었고, 아기 예수처럼 보여서 붙잡기에는 너무 아름다운 이의 손을 다만 자신의 숨결로 매만졌다.

그가 자신에게는 자격이 없다고 생각하는 대상을 여전히 경외하고 있는 동안 그녀가 눈을 떴다. 그녀는 많은 것을 물어보려 했으나 다만 "당신은 전혀 진짜 원숭이 같아 보이지 않아요. 당신이 군주적인지 말해보세요"라고만 했다.

"내가 왜 그래야 하나요?"

"당신이 그렇게 보이니까요."

다음날 그녀는 그에게 사람이 어떻게 행복해질 수 있는지 알려달라고 했다. 그는 그녀에게 놀랄 만한 답변을 해주었다. "와보세요. 내가 당신에게 불러줄 테니 편지 한 통을 쓰세요." 그녀가 말했다. 그가 편지를 쓰는 동안 그녀는 그가 모든 것을 믿을 만하게 쓰는지 어깨너머로 살펴보았다. 세상에, 그는 얼마나 재빨리 글을 쓰는지, 그리고 예리한 주의력으로 그녀가 말하는 음절 하나하나에 귀를 기울이는지. 우리는 그들이 편지를 쓰도록 내버려두자.

새장 안에서는 앵무새 한 마리가 우쭐거렸다.

프레치오자는 뭔가를 생각했다.

천사

당신이 필요해, 라고 사람들이 그에게 말할 때까지 기다리는 것을 천사는 잘한다. 그것은 이따끔 그의 예상보다 더 오래 걸리기도 하는데, 그러면 천사는 스스로 자제해야 하고, 자신이 대체될 수 없다고 생각해서는 안 된다. 나는 내가 천사로 만들었던 그 사람이 되고 싶지 않다. 나는 그를 신격화했는데, 그가 더이상 어디에서도 나와 마주치지 않도록, 명료하고 불변하도록 내가 필요에 따라 임의적으로 언제든 그 모습에서 용기를 얻을 수 있도록 올려다보기 위해서였다. 그는 내가 호기심이 많다고 생각했고, 내가 주머니에 넣거나 머리에 두른 띠처럼 그를 소지하고 있는 동안 내가 항상 자기 뒤를 쫓아다닌다고 믿는 것이 내게는 거의 딱하게 보였다. 나는 더는 그에게 가지 않고, 그의 가치는 나를 둘러싸고, 그의 빛으로 내 주변이 빛나는 것을 본다. 줄 줄 아는 자는 받을 줄도 알았다. 두 가지는 훈련되어야 한다. 그는 동정심에서 생겨났지만, 간청하는 자인 내가 그와 함께하는 일이 일어날 수도 있다. 그는 의심하고 불안해한다. 나는 때로는 믿고 때로는 불신하지만, 사랑인 그는 그것을 견뎌내야 한다.

에디트에게 보내는 편지

　　　　　　　　당신이 내 말을 들을 준비가 되어 있다면, 나는 점심식사로 커피와 케이크를 먹던 중에 말벌 세 마리를 죽였다는 사실을 말하려 해요. 그 일은 내게도 유감스럽지만, 그 벌들이 돼먹지 못한 몸통으로 내 신경을 몹시 건드렸기 때문이지요. 사람들은 그놈들이 수치심도 없이 접근하도록 가만히 내버려두는 것을 좋아하지 않고, 당신은 아마도 내 행동이 용서받을 수 있을 거라 생각하겠지요.

　그런 다음 나는 시골로 달려가 당신과 소상하게 대화를 나누는 숲속으로 들어갔지요. 내가 당신의 진지한 얼굴을 얼마나 아름답게 여기는지 당신은 알지 못할 거예요. 나는 한 마리 말처럼 그렇게 걸으며 당신에게 많은 사랑스러운 말을 하지요. 아마도 당신이 내게 가장 소중한 사람이란 말일 테지만, 내가 실제로 당신과 대화한 것은 아니기 때문에, 그 모든 말은 당신에게 달려 있어요.

　한 무리의 학생들이 즐거운 얼굴을 하고 내게 미소를 보냈어요. 나는 한 소년이 더 어린 소년에게 말하는 것을 들었지요. "넌 못된 놈이야." 당신은 이 아침의 효과를 보았어야만 해요. 종종 칭찬보다 비난이 우리를 더 우쭐하게 만드니까요.

시골 음식점에서 치즈와 빵을 먹는 일은 우아한 분위기에서 더 세련된 것을 차려놓은 것보다 더한 만족감을 주지요. 축구 경기를 쳐다보며 나는 나 자신에게 말했지요. "저 열심을 본받으라"고요. 갑자기 두 개의 탑이 눈앞에 나타났고, 한쪽 건물에서 마르코니-라디오-공장이란 글씨를 읽을 수 있었어요.

나는 내 쪽으로 다가오는 두 사람이 감시인과 여자 감시인이라고 생각했지만, 근처에 정신병원이 있는지는 알지 못했죠. 나는 막대기나 나뭇가지를 주워 홀로 잘난 척 매달려 있는 가을 잎사귀들을 내리쳤어요. 눈에 띄는 것은 교훈을 주려는 욕구에, 말하자면 훈계를 하려는 욕구에 쉽게 빠지게 하지요. 그건 분명 아주 부드러운 형태의 심심풀이는 아니지요.

어느 저택은 그곳에 살고 싶은 바람을 내게 일깨웠어요. 방 하나에 서재가 마련된다면 나는 종일 책을 읽을 것이고, 정신적인 만족감으로 현실을 잊어버리는 잘못을 저지를 테지요. 한때 텍사스에서는 마차 앞에 흑인이 묶여 있고, 그 안에서 부인들이 채찍을 흔들며 앉아 있었다는 생각이 한동안 나를 즐겁게 해주었지요.

당신은 내가 수년 전 카페들과 극장들로 활기를 띠는 베를린의 어느 지역에 있는 서점 쇼윈도 앞에 서서 '루이지애나의 풍습'과 같은 제목의 책들에 관심을 표했다는 걸 알아야 해요. 가게 안에는 인상적이긴 하지만, 편견 없이 말하자면 노쇠한 한 부인이 앉아 있었지요. 멀지 않은 곳에는 대부분 스위스인들이 드나드는 레스토랑이 있었고요.

술집 하나는 '마굿간'이라는 이름을 가졌더군요. 그곳에서는 여성 악단이 음악을 연주했는데, 그 악단장은 내게 자신이 빌 출신이라고 말해서, 나는 그 사실이 마음에 든다고, 나 역시 그곳에서 자랐다고 대답했어요.

아이힝거에는 소시지를 곁들인 감자샐러드, 혹시 더 나은 것을 원한다면, 구운 비둘기 요리가 있답니다. 그 비둘기 요리는 아직도 나를 행복하게 해주는군요. 잘 요리된 음식은 훌륭한 책에 대한 기억처럼 기분좋게 남아 있지요.

바로 이 지역에 낭만주의 시대에 만들어진 무덤들이 모인 공원묘지가 있었어요. 대도시풍의 마차들이 가차없는 소음을 내며 그 옆으로 지나갔는데, 우리의 주의를 끄는 것은 조화가 아니라 대립이었답니다.

저녁에 나는 어느 도시에 왔고, 이 술집 저 술집을 전전했지요. 그중 한곳에서 어떤 아가씨가 홀로 앉아 뭔가를 쓰고 있었어요.

스페인식 술집에서 나는 카탈루냐 와인을 잔에 따르고, 살라미를 놓고, 거기다 음악을 연주하게 했지요. 전자피아노가 있었거든요. 바로 그것이 나를 무척 심란하게 했어요. 여주인은 내가 보낸 와인을 거절했어요. 그녀는 아름다운 눈을 가졌고, 내게 얼마간의 교태를 보였지요. 그녀의 남편이 나를 예의 주시하더군요.

타원형 테이블에는 잡지들이 놓여 있었고, 살라미 맛은 탁월했답니다. 나는 오로지 빨리 집으로 가려는 의도로 술집을 떠났지요. 사람들은 아마도 내 섬세한 욕망을 이해하지 못한 듯했어요. 술집 주인은 뒤를 따라 나와 계산을 요구했는데, 나는 50프랑짜리 지폐를 보여줌으로써 그를 안심시켰답니다. 지갑은 관계를 만들고 생각을 바꾸어놓지요. 돈은 서로 갈라진 것을 믿을 수 없을 만큼 재빨리 봉합시키니까요.

다음 술집에서는 정치가 논해졌고, 나는 곧바로 끼어들었지요. 여종업원은 가능하면 이 대화에 끼지 말고 내가 곧바로 가주면 좋겠다고 말했어요. 그 바람은 이루어졌어요.

나는 비틀거리며 제과점에 들어갔고, 몸을 가누지 못한 채 심지어 코냑을 마셨어요. 연주자 두 명이 나를 위해 그리그를 연주했지만, 이 집 주인은 내게 크리크에 대해 설명했어요.* 그는 내게 통로로 나오라고 청했어요. 그는 내가 모든 걸 이해한다면 기쁘겠다고 내 앞에서 말했지요. 주고받은 대화는 상호 존중의 본보기가 되었지요. 나는 상황을 충분히 이해한다고, 잠시 혀의 유연함을 상실한 사람의 말투로 말했어요.

다시 거리로 나왔을 때 나는 애인을 만난 듯이 기뻤고, 길 위에서 내가 한쪽 보도에서 다른 쪽으로 넘어지자 선량한 사람들은 놀라면서 동정심을 보이더군요.

"우리가 당신에게 잠자리를 제공하면 어떨까요? 간절히 청하니 우리를 믿으십시오."

그에 대한 대답, "여러분의 선량함은 절 감동시키지만, 사랑하는 하느님께서 이미 저를 도우십니다".

"당신 말이 맞습니다. 하지만……"

"'하지만'은 그만두시고." 나는 부드럽게 대화를 자르고 그곳을 떠나 길을 아주 잘 찾았고, 주머니에서 스무 개의 마카롱을 꺼내 먹었답니다.

---

* 그리그는 노르웨이의 작곡가이고 크리크는 독일어로 '전쟁'이라는 뜻.

에리히

　　　　사무실에서 한 젊은이가 경건하고 다정하게 그리고 예의바르게 글을 쓰고 있었다. 그는 매주 일요일마다 교회에 가고, 누이들에게 편지를 써서 자기가 어떻게 지내는지 알려주고, 이런저런 특별한 일을 적었으며, 마지막에는 항상 답장을 당부했다. 그의 부모님이 살아 계셨더라면 그에 대해 걱정하셨을 것이다. 그는 단지 생각이 너무 많아 창백해졌고, 오로지 너무 섬세한 감정 때문에 감정이 없었다. 그는 책상 앞에 앉아 턱을 손에 괴고 이야기를 만들어내려고 꿈꾸었지만, 어떤 비일상적인 것도 떠오르지 않았다. 그는 벽감이 딸린 방에서 살았는데, 손가락으로 벽을 두드리면 옆방 사람이 소리쳤다. "왜 그래요?" "지루해서요"라고 그는 대답하고, "두드리거나 표시하는 것이 심심풀이가 되는지 알아본 것뿐이에요." "제발 관두세요. 내게 방해가 돼요." "더는 방해하지 않을게요"라는 답이 건네졌다. 셋집 여주인은 매일 이른 아침이면 그에게 커피를 가져다주었다. 그녀는 사과처럼 둥글었고 건강한 모습이었다.

"당신이 원하시면 저는 당신과 결혼할 수 있어요"라고 세 든 자가 말했다. 그다지 오래 생각한 것은 아니었다. 계절은 희망을 약속하는 봄날이었고, 길거리는 따뜻해서 사람들은 정감 있게 보였다. 그녀는 웃으면서 말했다. "왜 안 되냐고요? 당신은 내 남편으로는 너무 젊어요, 당신은 내 아들뻘인걸요." 그는 그녀의 아들이 되는 것은 재미없다고 생각했다. 한 아가씨가 몇 차례 그를 찾아왔다. 그것에 대해 여주인에게는 속임수를 썼다. 안 돼, 그건 안 돼요. 여주인은 그 아가씨가 자주 오는 것이 자기에게는 전혀 유쾌하지 않다고 말하는 것을 피하지 않았다. 그는 창가에 서 있거나 머리를 창밖으로 내밀면 뭔가를 동경하게 되었다. 동경하는 것은 어디로 향할지 모르는 걸 말한다. 변화를 주기 위해 그는 종종 세 든 방을 옮겼다. 저녁 풍경은 자연의 성찬식과 흡사하고, 석양은 예수의 얼굴을 닮았으며, 숲은 완벽하게 칠해진 색채와 같았다. 그는 마음속으로 엄청나게 빨리 부자가 되었다가 가난해지고, 침착했다가 불안해졌다. 그의 글씨는 아름답고 편집적이었다. 그는 강제성에 대한 감각과 마찬가지로 도약에 대한 감각을 지니고 있었다. 한번은 어두운 난간으로 절반이 나뉜 실내 공간에 들어갔다. 그곳의 침대에 아름다운 여성이 누워 있지 않은 것은 유감이었다. 방값은 40프랑이었는데, 그는 매달 방값으로 18프랑 이상을 지출

해본 적이 없었다. 그는 재빨리 모든 창문에 비친 자신을 쳐다보았고, 이제까지 본 것 중에서 가장 고상한 그 공간에 작별을 고하고는 참담한 마음으로 밖에 나왔지만, 곧 다시 적잖이 행복해졌다. 그가 종종 확신을 잃을 때면 그것을 다시 찾는 것은 언제나 중요했다. 그에게는 모든 것이 중요하고, 그 어떤 것도 중요하지 않았다. 자신과 결코 하나가 될 수 없는 것은 그의 천성이었다. 그는 자신이 사람들에게 사랑받을 수 있다고 믿을 용기가 전혀 없었지만, 그의 영혼은 매번 이를 곧바로 위로해주었다. 그는 자신이 강하다고 여기지도, 약하다고 여기지도 않았고, 상황에 따라 그때그때 이리저리 달라졌다. 언급할 만한 즐거운 일 없이 일이 년을 보내는 것은 그의 명예심을 부추겼다. 사람들이 그를 애석하게 여기기 때문에 그는 그 사람들을 기꺼이 견뎠고, 계속해서 행운을 믿었지만 그것은 행운 때문이 아니라 믿는 행위 속에 들어 있는 황홀감 때문이었다. 우리는 그를 에리히라고 부르기로 하는데, 그것이 금발의 순진함과 이상주의를 표현하는 이름이기 때문이다. 한동안 그는 좁긴 하지만 구조상으로는 흥미로운 구도심 골목에 있는 재단사들의 집에서 살았는데, 한번은 하루도 채 견디지 못하고 일을 그만두었다. 그래서 그는 서신으로 다음과 같이 주인에게 사과했다. "제가 이 직장에서 도무지 성장할 수 없다는 것을 알고는 어머니 같은 저의 여자친구에게로 되돌아가는 것을 인간적으로 이해해주시길 정중히 부탁드립니다"라고 말이다. 어린 시절 그는 식구들에게 헌신하기 위해 가장 친한 친구를 상대로 싸웠던 피터 마리츠에 대해 읽은 적이 있는데, 그는 창녀의 아들이었다. 마을 거리에는 카페 혹은 무알콜 주점이 있었고, 그곳에서 사람들은 핫초코 한 잔을 20라펜에, 또 같은 가격에 카스텔라를 사먹을 수 있었다. 구운 감자 일인분은 15상팀이었다. 창밖으로 사랑스러운 정원이 보였다. 꽃들은 식사하는 사람에게 "맛있게 드세요"라고 말하는 듯했다. 하루는 여종업원이 에리히에게 귓속말을 하자 한 신사가 그녀에게 그에 관해 물었다. "그래서 당신은 그에게 뭐라 말했소?" "당신의 값진 이름도, 당신의 행동이나 하는 일도 알지 못하는데 제가 무슨 말을 하겠어요." "나도 나 자신을 잘 모른답니다"라고 그는 대답했다. "누구에게도 희망을 품지 마세요. 자신의 존재에 대한 질문을 피하는 것이 하나의 행운이라고 뭔가가 내게 말하는군요." 아주 멋진 장갑을 끼고 매우 우아하게 치장한 어떤 부인이 종종 음식점에 오는데, 그는 셰란프라이를 먹으면서 머릿속으로는 그녀에게 예술적으로 꾸며진 화려한 대리석 계단이 딸린 성을 선물하고, 그녀의 시종이 되는 것과 자기가 그 일에 꼭 맞는 외모와 재능을 갖추었다고 생각하는 것이 어렵지 않았다.

그 아름다운 손이란! 그는 일생 동안 얼마나 즐겁게 손을 살펴보았던가! 그가 육 년 동안 음악회에 갔던 것은 단 한 번뿐이다. 절약은 그에게는 잘 준비된 식사처럼 다가왔다. 인간에게는 빈약한 칠십 년이 부여된다. 적은 것도 의미를 지니고 감사하는 마음이 사라지지 않도록 신은 많은 것을 주지 않는다. 그는 조용히 뿌리를 내리고 심은 사람이 마련해준 자리를 지키고 있는 나무들에게 종종 마음이 끌렸다. "당신을 집안의 벗으로 삼으면 좋을 텐데요"라고 어느 부인이 그에게 말했는데, 그녀는 그를 부분적으로만 이해할 뿐이었다. 그는 그 같은 역할을 결코 자신에게 허락하지 않을 것이다. 자기 자신과 다른 사람을 부정확하게 보는 사람들은 이따금 착각한다. 즐거운 사람은 즐거움에 대해 높이 평가하지 않는다. 행복한 사람은 어디서나 행운을 만난다고 생각하기 때문에 많은 행복을 우습게 본다.

티투스

어머니가 제후였고, 도둑들이 자기들처럼 키우려고 그를 훔쳐갔다고 티투스가 말했다고 쓰는 것은 좀 과대망상적으로 들리지 않는가? 하지만 나는 사람들이 처음부터 이 글을 지루해하지 않도록 다소 꾸미느라 이 말을 한다. 어떤 사람이 출생지를 묻는다면 나는 고슬라라고 말할 테지만, 그건 살짝 거짓말을 한 것이다. 나는 어머니 덕분에 결코 버릇 없이 자라지 않았는데, 그것에 대해서는 스스로 기뻐해도 좋다. 얼마 전에 고슬라가 봄옷을 입은 듯이 황홀하다고 읽은 적이 있고, 나는 믿을 만한 것을 선호하는 경향이 있기 때문에 그 문장을 기꺼이 받아들였다. 나는 도둑들에게 세탁하고, 바느질하고, 요리하고, 쇼팽을 연주하는 것을 배웠지만 이 말을 너무 곧이곧대로 받아들이지 않기 바란다. 여기서 나는 적당히 상상하는 셈인데, 관대하게 그것을 허락해주기를! 예를 들면 음악가가 피아노 앞에서 그러듯, 작가란 자신의 착상이란 도구를 가지고 기분좋게 유희해도 되는 것 아닌가? 중위 시절 내게는 나를 과잉 보호하는 한 젊은이가 딸려 있었다. 나는 도시에 가서 거리를 지나며 적당한 일자리를 찾으려 했고, 그동안 어느 가족에게서 숙식과 거처를 구했는데, 그 가족의 가장은 그의 아내가 무심한 만큼이나 까칠했다. 나는 그들의 두 아들에게 담배 마는 법을 가르쳐주었고, 한 여성과 교제하며 영어를 배웠다. 크고 창백하여 마치 낭만주의가 숨결을 불어넣은 장미처럼 선한 마음이 눈 속에 담긴 한 여종업원이 자신의 방에 앉아 있었다. 비록 그녀는 행복이 무엇을 의미하는지 제대로 알지 못했지만 내게 허락한 두 마디 말로 나를 행복하게 만들었다. 미망인이었던 나의 세번째 집주인은 나를 대단히 신뢰하는 듯이 행동해서 한 불평꾼은 자기 집에서 연애 짓거리를 용납할 수 없다고 알려왔다. 평화란 어려운 문제다. 나는 그녀를 포기하기 위해 점차 글을 쓰는 일로 넘어갔다. 거대한 교통의 중심지 동쪽에 있는 술집에서 나는 노란색 옷을 입은 검은 눈의 아가씨를 알게 되었다. 그러나 이 일은 기억에서 끄집어낸 것처럼 보이고, 약간 억지스럽고 감상적으로 들리지 않는가? 평범한 타입인 내게는 사람들 옆을 지나면서도 접촉은 하지 않는 것이 제일 중요한 체험이다. 나는 끔찍하게 많은 시간을 잃어버리고 그것을 만족스럽게 받아들이는 일에 익숙하지 않다. 나이를 먹는 대신 나는 젊어졌다. 나는 내가 조금 멍청해졌다는 사실을 확실히 자랑스럽게 생각한다. 나는 자신감이 넘치면서도 소심하며, 내 코가 대단히 매력적으로 보일 때까지 계속해서 잡아당기고, 나를 행복하게 해주는 어린아이 같은 외모를 소유할 수 있도록 사랑하는 하느님께 계속 기도했다. 내 가슴은 뱀의 둥지이고, 나를 순종적이라고 여기는 사람들을 향해 부탁하듯 눈길을 보내는 것은 놀라운 일이 아니지만, 그것은 문장 구조를 왜곡하는 받아들일 수 없는 사실 아닌가! 거짓말할 선의조차 없는 사람은 나아질 가망이 없는 것이다. 솔직한 것이 항상 예의바른 것은 아니다. 한 가지 고백하자면 나는 가끔 지루하지만 내게 날개를 달아주는 사랑을 품고 다닌다. 문학을 장려하는 조합에서 새로운 원고를 건네달라는 요청을 받으면 나는 바닥을 쓸고 꼬리를 흔들며 카페로 달려갔는데, 거기에서 한 여성이 나를 내려다보는 것처럼 보여서 나는 그녀를 올려다볼 수 있었다. 그후 나는 몹시 창백하면서도 지극히 붉은 헌신적인 사람이 되었는데, 위대한 사랑 노래들은 이미 지어졌고 이미 책으로 출간되었다는 사실이 유감일 뿐이다. 나는 납품업자의 문을 통해 문학이란 궁전으로 기꺼이 기어들어가 기쁨에 차서 헌신했을 텐데. 어제 나는 초봄의 황금빛에 둘러싸인 풍경 속으로 나가서 부드러운 어머니 자연 앞에 모자를 벗고 벤치에 앉아서 울었다. 내 경험에 따르면 겹겹이 가지를 뻗은 회춘 방법의 그물망 속에서 눈물은 중요한 중심점을 차지한다. 사람들은 이제 더이상 손톱을 자라게 두지 않는다. 상대편은 결혼에 대해 생각한다. 사람들은 매주 머리를 감는다고 한다. 파도가 내 발밑에서 즐거워하고, 다정하게 뒤따르는 언덕에서 온화하게 모여드는 계곡 사이로 명랑함이 깃드는데, 인생이 그를 불운하게 만드는 일에 성공하지 못해 긴 세월을 살았음에도 훌륭하게 남아 있는 한 사람의 얼굴을 보여주는 것 같다. 대지의 나이듦과 젊음은 환상적이다. 나는 절벽에서 쏟아져내리며 춤추고, 바위 위에 뿌려지고, 광활한 바다에 합류하기 위해 암벽에서 쏟아지면서 춤추고, 은빛으로 반짝이는 개울에게 미소 짓고, 신성하게 아름답고, 대단히 진지하면서도 즐겁게 말하고 노래하는데, 그 바다의 수천 미터 깊은 곳에는 영원히 젖은 채 숨겨진 나무들 주변을 무고한 괴물이 헤엄치고, 호화 유람선이 수면을 장식한다. 나는 초원 위에 드리워진 부드러운 그림자에 대해, 언덕에 있는 작은 집들과 누워 있는 젊은이에 대해 말하고 노래한다. 독자가 이를 보고 하품을 한다면 끔찍하리라. 허약해지는 영혼과 그리움으로 동그라미처럼 커진 눈을 한 채 나는 태양이 관통하는 아늑한 정원으로 들어가, 그곳에서 공감을 일으키며 연주하는 악단에 귀를 기울이는데, 그때 나는 분명 모험적인 행동을 했다. 왜냐하면 나를 동정적으로 쳐다보던 한 소녀가 치명적인 단도처럼 찌르는 회한 때문에 쓰러져 죽었는데, 이것이 가능하다고 여기는 사람은 일생 동안 복 있을지어다. 나는 내게 호의를 가진 사람들이 원하는 만큼 오래 우정의 건축물을 짓도록 내버려두었다. 그들은 절대 나의 방해를 받지는 않을 텐데, 내가 그들을 전혀 주목하지 않기 때문이다. 많은 사람들이 내가 교양이 없다고 말하는데 그건 경솔한 언행이다. 나의 고상한 여인은 매우 아름다워서 나는 대단히 성스러운 존경심으로 그녀를 경외하기 때문에 다른 여성에게 매달리고, 그렇게 온통 깨어 있던 밤들의 고단함에서 휴식을 취하고, 뒤에 나타나는 여인에게 지나간 밤이 얼마나 아름다운지를 이야기하고, 그녀에게 "나는 당신도 마찬가지로 좋아해"라고 말할 기회를 누려야 한다.

따귀 한 대와 그 외

나는 여교사의 스케이트화를 묶어주고, 나를 비난하는 관리자 앞에서 차렷 자세를 취했다. 업무용 책 사이에 도둑 소설이 한 권이 끼어 있었다. 내가 그 말을 해준 아가씨는 그 소설이 거기 잘 보관되어 있다고 했다. 나는 다시 새로운 트완산 와인을 맛보고, 시립극장에서 기지가 넘치는 작품을 보았다. 관객석이 대단히 마음에 들었다. 새로운 기차역을 관찰하고, 뷔페에서 일하는 여성의 턱을 톡톡 쳤다. 사람들은 기분이 좋을 때면 흔쾌히 세련되게 행동한다. 내가 말하는 연극작품에서는 저녁 내내 "예, 엄마"라는 대사만 하는 여배우가 함께 연기했다. 그녀가 그 대사를 다양한 억양으로 말하는 것이 몹시 흥미로웠다. 나는 입석 공간에서 한 젊은 여성 바로 뒤에 서 있었다. 그녀의 남편이 근처에 있을 것으로 추측되었기 때문에 나는 무심한 척 행동하고 느긋하고 태연한 태도를 보였다. 그때 그 남편이 다가왔는데, 아마도 나를 아주 반듯한 사람으로 여기는 모양이었다. 지나치게 빨리 과소평가된 이 작품은 어떤 잘못 때문에 사회적으로 완전히 몰락한 한 사람이 쓴 것이다. 불행한 삶을 산 작가가 고안해낸 장면들을 즐기는 독특한 즐거움이란! 자신의 재능을 당신에게 제공한 이 작품에서 당신은 인간의 변화 가능성에 대해 대단히 진지하게 놀라게 될 것이다. 오스카 와일드에 관해 말하는 것이다. 나는 쿠키를 사서 몇 개는 내가 맛보고, 몇 개는 남녀 아이들에게 나누어주었는데, 그들이 베어먹은 부분은 예쁜 자국을 남겼다. 아이들의 거리낌없음이란! 상냥한 얼굴들을 바라보는 것은 상냥하게 만들고, 바른 예절을 관찰하는 것은 예절바르게 만든다. 세련된 분위기에서는 얼마간 인정만 받아도 당신은 똑같이 세련되게 행동할 것이다. 나는 회전목마 위의 흔들리는 의자에 앉아 있었다. 아래에 서 있는 사람들 위로 미끄러져 내려오는 것은 황홀하다. 좋은 기분은 종종 나쁜 기분에서 비롯되지 않는가? 나는 항상 기분이 좋지도 않고, 항상 나쁘지도 않다. 하나가 다른 하나와 교대한다. 자신에게 친밀한 사람은 자신의 존재를 무조건 기뻐하지는 않는다. 그는 이따금 어려움을 겪지 않으면 주변 세계를 모욕한다고 생각할 것이다. 나는 늦은 시간에 한 여성에게 물었다. "저와 함께 가실래요?" 그녀는 "당신은 따귀 한 대를 맞고 싶은 모양이군요!"라고 대답했고 그녀가 올라탄 자동차가 떠났다. 여성들에게 말을 걸면 그들은 떠오르는 대로 대답할 권리를 가진다고 나는 생각한다. 예쁜 입에서 나오는 대담한 언어도 오로지 우아하게 들린다.

  나는 또 한번 극장에 갔는데, 옷을 걸어주는 여성이 내가 마치 자기 남편이라도 되는 듯 너무 친밀하게 대해주었다. 내가 솔직했다면 그때부터 나는 이 알지 못하는 여성을 보살펴야 했을 것이다. 그녀의 모습은 나를 그녀에게 헌신하게 만들었다. 나는 장작처럼 불타올라 불빛이 있는 쪽으로 내려갔고, 내 옆에 있는 여성의 발을 살펴보았다. 우리는 자기 자신을 누군가와 연결시키고, 자신과 다른 사람을 하나의 목적에 맞출 무수한 기회를, 그리고 쾌활함과 직관을 함께 나눌 무수한 기회를 이용하지 않은 채 흘려보낸다. 그러나 나는 생각하기를 원치 않고, 내 눈길을 1층, 특별석으로 옮겼다고 말하려고 한다. 우리의 눈은 믿을 수 없이 유연하게 움직인다. 신사 숙녀들을 대단히 흥미롭게 관찰하고 있는 동안 그들의 손과 발이 움직이기 시작했다. 오페라용 쌍안경과 손수건, 메모지가 나타났다. 손끝으로는 머리장식을 매만졌다. 특히 한 여성은 방해를 야기하는 사람을 보고 싶다는 듯 놀라서 주위를 둘러보았다. 그러나 그때 커튼이 열렸다. 나도 다른 사람들도 관심을 무대로 돌렸다.

나는 멍청하게 주변을 어슬렁거리면서 진심으로 나의 어리석음을 용서했다. 우리에게는 자신을 조심스럽게 다루어야 할 필요가 있기 때문이다. 말로 표현할 수 없는 졸음이 나의 뒤엉킨 상태 위로 몰려왔다. 스스로를 앞으로 밀고 나가기 위해 빗자루 하나가 있으면 좋으련만. 하늘의 푸른 벨벳을 사랑스럽게 쳐다보는 동안 나는 진흙 속에서 한 걸음도 움직일 수 없었다. 관찰 방식은 지극히 더딘 것이었다. "착하게 행동하는 것은 얼마나 어려운지." 나는 감동받은 목소리로 나의 작은 귀에 속삭였다. 이때 나는 스스로를 부드럽게 어루만졌고, 그것이 어울린다고 생각한다. 스스로에 대해 말할 때 조심성을 필요로 하는 것은 내게는 하나의 의무처럼 보인다. 새소리가 없었으므로 나 스스로 노래했다. 그 곡은 어떤 오페라의 아리아였고, 나는 내 재능에 대단히 만족했다. 나는 음식점에서 어린아이들 곁에 앉았는데, 이들은 기다란 테이블을 차지한 채 사람들이 자기들을 진지하게 봐줄 가치가 있는 것처럼 행동했다. 그들은 재주껏 어른들을 모방하는 일에 열중하면서 카드놀이를 했다. 여자아이 세 명과 남자아이 하나였는데, 고양이 한 마리가 게임하는 모습을 쳐다보다가 카드 패를 뛰어넘어 치즈를 먹고 있는 내 옆으로 와서는 교태롭게 아양을 떨었다. 그 고양이가 내게서 뭘 원하는지는 분명했고, 나는 알맞게 잘게 씹어 그녀석의 예쁜 목구멍을 채워주었다. 나는 당돌하게도 담장을 망치고 있는 한 젊은이를 무심한 척, 하지만 분명하게 꾸짖었는데, 그의 하릴없는 다른 손에는 비단 종이로 감싼 꽃다발이 들려 있었다. 키가 작은 소녀는 우편엽서를 집어넣기 위해 다른 소녀에게 다리를 높이 들어달라고 했다. 사무실에서 관리가 루드비히 리히터의 그림을 바라보고 있는 내 모습을 바라보았다. 오, 일어나고 있는 모든 것을 바라보는 눈이란. 관찰자가 채 되기도 전에 우리 자신은 벌써 다른 사람에게 관찰당하지만, 그렇다고 해가 되지는 않는다. 침대 속에서 나는 엄마와 아이 놀이를 하고 예쁘게 기도하며 얌전하게 잠이 든다. 즐거워지려면 무슨 일인들 꾸미지 못하겠는가! 나는 벌써 대단히 독특한 생각에 이르렀지만, 그 생각 때문에 위기에 빠지지 않기를 바란다. 뭔가 좋은 것을 생각하면 누가 내게 뭔가를 준 것보다 더 많지는 않더라도 적어도 그만큼은 나 자신에게 선물한 것이니 진짜로 즐거워진다. 내게는 기분을 좋게 유지하는 것이 중요한데, 그건 내가 뭔가에 쓸모 있다는 생각이 들기 때문이다.

간밤에 나는 잠이 깨어 불을 켜고는 어떤 인상들 때문인지 알 수 없지만 언젠가 십자가에 못박힌 사람을 생각했다. 이 일을 위해 고용된 하인들은 그의 두 손과 두 발을 못으로 나무에 박았는데, 그것은 열이 나는 아픈 사람의 이마 위에 축복하듯 놓여 있던 손, 아이들의 머리카락 사이를 쓰다듬던 손이었고, 위로가 필요한 사람에게 향하는 길을 갈 때 사용했던 발이었다. 고통받는 사람에 대한 생각이 내가 오렌지를 베어무는 것을 막지는 못했고, 그 과일은 화려한 색깔의 즙으로 남국을 눈앞에 불러냈다. 못이 그의 몸에 박힐 때, 작업하던 사람에게 피가 튀겼다. 그런 다음 십자가가 세워졌다. 한 사람이 해를 끼치지 못하도록 만드는 이 방식은 마치 하나의 게임 같았다. 살아 있는 신체를 나무에 못박은 일에는 뭔가 순진한 것이 들어 있다. "여기 너는 들어올려졌다! 그림이 좋아 보이는군. 이제 고문을 맛보기를." 십자가 형벌은 우스꽝스러운 것에 가깝다. 초기의 여러 회화에 나타나는 것처럼 사람들은 십자가 옆에서 노름이나 다른 소일거리로 지루함을 쫓았지만, 나는 거기에 있기를 원치 않는다. 그렇게 위대하고 그렇게 끔찍한 성스러움 앞에서 나는 많이 주저하는 것 같다. 학교 다닐 때 목사님은 예수님의 고통은 십자가에서 아홉 시간 동안 계속되었다고 우리에게 말했다. 그런데 무엇을 위해 그것을 생각하는가? 그 밖에도 요즘 사람이 십자가에 못박힌다면 어떤 얼굴을 할까? 나는 슬며시 우리의 일상으로 돌아오기를 원한다. 어제 나는 카페에서 신문을 읽었다. 바로 그 신문에 우리는 더이상 기독

교인이 아니라고 쓰여 있었지만, 나는 그것이 사실이라고 여기지 않는다. 사람들은 고통 속에서 성스러워질 수 있다. 비록 십자가에 못박히고 싶지는 않더라도 말이다. 항상 좋은 자세와 태도를 유지했다고 생각되는 그렇게도 고상한 사람이 십자가에서 흐느끼는 모습이란. 그가 불쌍한 사람들과 함께했기 때문에 스스로 가장 불쌍한 사람이 되었다는 것은 어쩌면 정당하지만, 나는 내가 여기 쓴 것을 좋아하지 않는다. 작가들이란 대단한 것에 자기를 맞추는 일보다는 사소한 것 속에서 중요해지도록 노력해야 한다. 최근에 나는 그에 대해 무슨 생각을 했던가? 사소한 대상을 아름답게 말하도록 배우는 것이 풍부한 사안을 초라하게 표현하는 것보다 낫다는 사실.

대단찮은, 목가적인 나, 낭만적 기질의 인간인 내가 어제 다시 좋은 일을 했다고 상상하며, 와인을 홀짝거리며 그렇게 많이 이야기되는 레닌을 생각할 때, 질문이 하나 떠올랐다. 그는 과연 자연이 주는 기쁨을 느낄 수 있었을까? 그의 초상은 그가 완고한 사람임을 말해준다. 그는 신사적이었을까? 사랑스럽고 봉사할 준비가 되어 있었나? 그는 장학사의 아들이었고, 억압자의 후손이었으며, 분명 시 나부랭이는 쓰지 않고 음악을 존중하지 않는 사람의 후손이었다. 어제 나는 또다시 다소 경박한 행동을 했는데, 그 사람도 한때 그랬을까? 그는 영혼을 소유하고 있었나? 이런 기이한 연구가 흥미롭지만 내가 어떻게 그 사람에게 다가가겠는가? 어제 나는 한 이탈리아 가수의 노래를 들었는데, 그 노래는 내게 남국의 하늘과 평온함을 불러일으켰다. 아마도 대단히 대비되는 까닭에 그때 레닌이란 자가 머릿속에 떠오른 모양이다. 대중을 억압한 자, 감정이 없는 자, 이자는 인간적인 질서의 방법을 발견했다고 생각했기 때문에 마치 지진처럼 사람들 위로 지나갔다. 그는 눈에 잘 띄지 않는 내가 한때 매우 선량한 부인의 집에 세 들어 살았던 그 골목에 살았다. 레닌과 예수? 후자는 믿음과 사랑을 목표로 삼았다. 내가 이 대단히 특출한 인물들을 생각하면, 나는 나 자신이 자랑스럽게 생각하는 내적 안정감을 쉽게 잃어버린다. 예수에게는 영적 삶의 훈련이 중요했고, 레닌에게는 사회적 삶의 확장을 위해 지상에 있는 모든 사람의 평등이 중요했다. 둘 중 어떤 것이 보다 나은 근원에서 나왔을까? 나는 다른 이야기를 해야겠다. 이것을 계속하는 것은 시간 낭비로 비치기 때문이다. 단지 하나만 말하자. 예술적으로는 어울리지 않지만 시민적으로는 정상적인 사람들이 있다. 시인이란 어딘가 병들었지만 시인으로서는 훌륭한 자격이 있다. 마찬가지로 건강한 사람이 시를 못 쓰는 것은 시인으로서는 병든 것이다. 병든 사람이 시를 잘 쓴다면 그는 시인으로서는 건강한 사람에 속한다.

길거리와 광장, 동상과 지붕 위에 눈이 쌓인 모습이 새해에 잘 어울린다. 크리스마스트리와 과자를 나는 다른 사람에게 양보한다. 시인들은 자기도 반드시 같이 즐겨야 한다고 생각하지 않으면서 다른 이웃의 즐거움을 바라볼 수 있다는 점에서 대단하다. 겨울철에는 따뜻한 방 하나면 이미 족하다. 게다가 나는 『금처럼 변함없이』*라는 책을 읽고 있지 않는가? "안녕하세요, 슈템펠 감독관 부인." 내가 최근에 다른 이름으로 불리는 한 부인에게 이렇게 말을 걸자 그녀는 크게 소리쳤다. "무슨 일이지요?" "저는 기분이 좋아요"라고 나는 대답했다. 난생처음으로 연극을 본 날은 새해 저녁이었는데, 나는 내가 받은 깊은 인상을 생생하게 떠올리며 집으로 돌아왔다. 하늘이 푸른 어느 봄날에 어머니는 사랑하는 아들 폰 쇨러마르크 소위를 기다렸다. 그때 누군가가 세차게 문을 두드렸다. 바로 기다리던 사람이었고, 그들은 서로 부둥켜안았다. 그런 다음 그는 베를린으로 가서 경이로운 모츠가街의 여인 혹은 백만장자 아가씨를 알게 되

---

* 덴마크의 저널리스트이자 작가인 카린 미카엘리스의 소설.

었다. 그녀는 젊고 유례없이 아름다웠다. 그들은 동물원에서 만났고, 함께 스케이트를 타고 12월에 어울리는 아늑한 분위기의 루소섬 주변을 지나갔다. 이 아름다운 여성은 그에게 잇따라 키스를 받으며 자기 아버지가 그녀에 대한 계획을 세우고 있다고 말했다. 그는 주춤하며 물러섰고 엄청난 실망감을 느꼈는데, 나는 이 모든 것을 '물망초'라는 작은 책자에서 취했다. 방금 뭔가가 떠올라서 고백하자면, 어릴 때 나는 새해 소망을 담은 쪽지에 "나는 원한다"라고 쓰는 대신 실수로 "나는 위한다"라고 잘못 적었다. 그런 것이 머릿속에 남아 있다니! 학생 시절 어린 나폴레옹은 이미 브리엔의 학교 운동장에서 벌어진 눈싸움에서 승리했다. 눈사람은 넓적한 입과 그다지 인상적이지 않은 눈을 단 채 손에는 빗자루를 들고 믿을 수 없을 만큼 조용히 서 있다. 나의 작은 도서관에 보관된 한 감동적인 이야기의 제목은 '두 심장 사이에서'이다. 돈이 있는 남자가 돈이 없는 다른 남자에게 자기가 사랑하는 여성을 양보하는데, 자신은 더이상 젊지 않고, 그의 얼굴은 젊음으로 빛을 발하기 때문이었다. 아가씨의 이름은 로베르타이고, 행운의 남자는 막스이다. 다음날 모두가 평화롭게 함께 앉아 있었다. 그들이 테이블에 앉아 식사를 하는 것은 가능하다. 최근 나는 친절한 젊은 남자가 어느 미망인에게 자신을 사무실 급사라고 당당하게 소개하는 자리에 함께 있었다. 대부분 정신을 집중할 일은 등 뒤에서 일어나기 때문에 사람들은 그것에 대해 알지 못한다. 우리가 호의적으로 여기는 사람들은 조용히 머물고 그것은 올바른데, 그렇지 않으면 사람들은 자신을 지나치게 중요하게 내세운다. 한 잡화상은 정중할 때 가장 잘 빠져나올 수 있다고 내게 말했다. 나는 그 말에 동의했다. 새해에는 선물을 받는다. 선물하는 사람들은 자기도 선물을 받는다. 주는 것과 받는 것 모두 훈련되어야 한다. 나는 가볍게 채색된 어떤 스케치를 기억하는데, 흰 날개를 단 천사가 작은 창문을 통해 방을 들여다보고 그 안에 아기 예수가 누워 있는 그림이었다. 아주 작은 그림이었지만 나는 그것을 잊지 않았다. 우리는 많은 것을 잊고, 다시 많은 것을 생각해내고, 그러고 나면 기억 속에서 되찾아낸 한 마리 양은 훌륭하다. 잃어버리는 것은 중요한데, 균형을 잡아주기 때문이다.

나는 분명 여성들에게 많은 실수를 했지만, 최근에 한 신사가 뱉은 것과 같은 말을 여성들 앞에서 사용한 적은 한 번도 없다. 그 아가씨는 완전히 풀이 죽어 그 무게로 눈에 띄게 작아졌다. 어떤 무게냐고? 나는 그걸 말하려고 한다. 그녀는 막 환하게 빛나고 있었다. 남자는 평소에는 아주 상냥한 사람이고, 그녀는 이미 말한 것처럼 환희에 차 있었다.

그는 사람을 즐겁게 만드는 재능이 넘쳤다. 그녀는 어떤 것도 흘려듣지 않으려고 열심히 귀를 기울이는 것처럼 보였다. 그때 그의 입에서 그 말이 튀어나왔다. 그는 그 말을 나쁜 뜻으로 하지는 않았고, 아무 생각 없이 흘러나온 것이었다. 소리 없는, 조용히 억제된 고통이 그녀의 얼굴에서 경련을 일으켰고, 그것이 재미있어 보였다면 나는 나쁜 놈이다. 마찬가지로 놀랐던 그 남자에게 그녀가 되갚아주는 것이 최상이었겠지만, 그녀에게는 그럴 능력이 없었다. 그녀는 마치 어느 구석에서 생각을 다잡으려는 듯이 허공을 바라보았다. 그녀의 당혹감은 부드러웠지만 끔찍했다. 사소했지만 동시에 끔찍했다. 그는 뭔가 아주 단순한 것을 말했고, 그의 이해력에서 자기도 모르게 튀어나온 단순한 것에 대해 그는 그 높이에서 내려다보듯 그녀에게 물었다.

알아들었어요?

그녀는 마치 그의 작은 풍뎅이처럼, 나뭇잎처럼, 『간계와 사랑』*에 나오는 루이제처럼, 무능한 작은 뇌처럼 아주 딱해 보였다. 자신과의 힘겨운 싸움에서 이긴 후에 그녀는 애써 미소 지었다. 그는 스스로 초래한 이 어려운 상황을 눈치채지도 못했다. 이런 식으로 종종 지극히 사랑스러운 노력

---

*독일의 시인 프리드리히 실러가 쓴 희곡.

이 간과된다. 그녀가 벌이는 내면의 투쟁은 그가 아무것도 눈치채지 못하는 것과 같이 볼만한 것이었다. 나는 『여성 특집호』를 읽으면서 그것을 관찰했다.

음식점의 벽에 걸리는 것. 얼마나 유쾌하지 않은 운명인가! 포스터에서 유행하다가 사라지는 것. 하나의 포스터는 다른 것으로 대체되고, 자기 작품에 관한 강연이 다음 것으로 대체된다. 이 같은 등장과 사라짐을 보면 나는 우울감에 사로잡힌다. 한때는 어느 남성, 그다음은 어느 여성. 그들은 얼마나 수고를 하는지, 그리고 얼마나 기꺼이 그 수고를 하는지. 그런 다음 매번 경외감을 불러일으키는 기사가 따라온다. 하지만 이 모든 것은 뭔가 맞지 않다. 다시 춤을 추기 위해 가장 최근에 나온 잡지를 손에 들고 뛰어다니는 모습이란. 매호에 새로운 것이 뒤따라온다는 사실을 알고 있다. 항상 새로운 포스터가 교양 있는 저녁을 보낼 기회를 찾는 사람들에게 새로운 양식을 알려준다. 그것은 어디로 이끌어 가는가? 몇몇 사람은 여러 차례 등장하고, 그들은 유행하지만, 언젠가 시인 목록은 고갈된다. 그러고 나면 뭐가 남나? 우리는 포스터 같은 시대에 살고 있다. 머릿속이 아이디어로 가득찬 녀석들은 자신을 아주 저급하게 다룬다. 그들 중 누구도 아직 어떤 형태로 얽매이지 않는다. 기이한 것은 매일매일 더 많이 쪼그라든다는 것이다. 일상적이지 않은 것을 일상적으로 만드는 공장이 작동하는 것처럼 보인다. 수줍어하는 시인들은 과거에 속한다. 나 역시 강연 테이블에 나가 가치를 떨어뜨릴 것인가? 그때까지 완강하고도 확실하게 절대 그렇게 하지 않으리라고 믿는다. 고귀한 횔덜린은 사랑에서, 위대함에서, 그리고 글을 쓰는 침묵 속에서 몰락해갔다. 나는 너무 기분이 좋아 창피할 정도다. 나 역시 어느 날 나의 포스터를 가지게 될까? 그것이 나를 압도하게 될까? 다음 사람에게 자리를 내주기 위해 나는 한동안 벽에 붙어 있어야 할까? 나는 마찬가지로 벽에 붙어 있다가 떼어진 한 포스터 속의 여성과 함께 산책을 했는데, 그 오후는 황홀했고, 나뭇가지들은 얼마나 감동적으로 허공에 뻗어 있던지! "당신의 포스터는 보이지 않는데 살아갈 수 있나요?"라고 그녀가 물었다. 나는 땅바닥을 내려다보며 대답했다. "약간의 행복이 내게는 두렵군요."

어제 나는 산에 올랐는데, 빙판에 이르러 더이상 지지할 것을 찾지 못할 때까지는 잘 올라갈 수 있었다. 빙판에는 내가 붙들 만한 나무 한 그루가 없었다. 멋진 자세로는 아무것도 할 수 없었다. 그때 나는 아주 대단한 생각이 떠올랐는데, 손을 땅에 대고 잠시 기어가기로 한 것이었다. 사람은 모름지기 상황에 맞출 줄 알아야 한다고 생각한다. 기어가는 것에는 저항이 있었고, 이제 일어서는 것이 목표였다. 내가 허리를 굽히지 않았더라면 나는 서 있었을 텐데. 순응도 자부심을 가질 수 있다. 내게는 돌아가는 것이 중요했다. 그와 관련된 어려움은 내게 그다지 아름답게 보이지 않는 변신을 강요했다. 교양을 지키는 일이 중요한 곳에서 나는 교양을 거부하는 것처럼 보이지 않았을까? 바닥의 미끄러움은 내가 내 성격에서 제거한 민첩함을 요구했다. 나는 자부심 때문에 자부심 없이 행동했고, 강인함 때문에 부드럽게 행동했다. 내 속에서 계속 뭔가가 소리쳤다. "일어나!" 우리는 '중요한 인물'의 위엄을 갖추고 얼음산을 오를 수 있는가? 내게는 위에 도달하는 것이 중요했다. 우리의 다리가 지팡이가 아닌 것에는 다 이유가 있다. 왜 능력을 사용하지 않겠는가? 미끄러운 표면을 조심스럽게 다루길. 나는 넘어갈 수 없는 것을 사라지게 할 수 없기 때문에 그것을 움켜잡았다. 가장 고집스러운 자도 자신의 의지를 관철하기 위해 이따금 유연하게 행동하지 않는가? 무릎을 꿇은 자는 다음에는 더 강하게 일어선다. 움직임이 그를 기쁘게 한다. 무언가를 기어오르고, 얻어내는 것은 얼마나 즐거운가! 기쁨에 취하기 위해 느린 자처럼 행동하지 못할 이유가 무엇이겠는가? 위에 있는 것보다 올라가려고 애쓰는 것이 더 멋지다.

자의식에 차서 아래로 내려다보는 것보다 올려다보는 때가 내게는 더 마음에 든다. 하나의 길, 하나의 움직임이 있는 곳을 둘러보는 것, 약간의 불안감을 느끼는 것, 그것을 믿는 순간은 얼마나 흥미로운가!

조용한 사람이 혼자 조용히 앉아 있는데 시끄러운 사람이 나타나자, 조용한 사람은 멀리서부터 이미 시끄러운 사람을 알아보았다. 시끄러운 사람은 겉보기에도 시끄러워 보였다.
시끄러운 사람이 말하는 동안, 조용한 사람은 굳건히 자신의 조용함을 유지했다. 그는 혼자 말했다. "내가 당황하는 것처럼 보이면, 시끄러운 사람은 더 시끄럽게 행동할 거야."
조용한 사람 안에서 환희가 환호하는 동안, 시끄러운 사람의 목소리는 종소리처럼 울렸다.
시끄러움이 계속해서 미소 짓는 동안, 시끄러움은 짓밟는 자가 되었고 평화를 사랑하는 훌륭한 법칙을 잊어버린다.
조용한 사람은 갑자기 만면에 웃음을 띠었다. 그는 시끄러운 사람이나 자기 자신이나 모두 우습게 여겨졌다.
큰 소리를 내는 자가 소리 없는 자를 대단히 만족스럽게 바라보자, 소리의 그림자가 그의 얼굴 위로 지나갔다. 그는 화가 나서 죽어가고 "바보가 된다"고 생각했다.

강한 자는 때때로 자신을 지나치게 강하게 느낀다.

소리를 내는 자는 자신의 음악적인 무엇이 목적 없이 저울에 올려진 것을 보았을 때 부들부들 떨었다. "악당 같으니라고!" 그는 소리 없는 사람을 생각했다.

타협하지 않는 것은 나쁜 것이지?

목소리 큰 사람이 말한다. "우리는 목소리 작은 사람이 필요없어." 목소리 작은 사람은 소리를 지르는 것이 불필요하다고 생각한다. 천둥 같은 소리가 옳은가 아니면 멍청한 자가 옳은가?

수줍어하는 자와 부끄러움을 모르는 자 사이의 전쟁은 아마도 절대 끝나지 않을 것이다.

시끄러운 사람이 시끄럽지 못하면 불행할 것이고, 조용한 사람이 자신의 조용함에 빠져들지 못하면 역시 불행할 것이다.

처음에는 조용한 자가 시끄러운 자에게 부서지겠지만, 조용한 자는 시끄러운 자보다 현명하고, 그 대신 시끄러운 자는 조용한 자보다 허물이 없다.

시끄러운 자가 조용해지고, 조용한 자가 시끄러워지면 끔찍하다. 그 경우는 볼만할 것이다.

조용한 자가 시끄러운 자에게 흉부에서 나오는 목소리를 허용한다면, 시끄러운 생각을 가진 자는 그것을 느끼고 그 생각에 충실하지 않게 될 것이고, 시끄러운 사람들이 조용한 사람들을 상냥하다고 느낀다면, 이 사람들은 참새처럼 재잘거릴 것이다.

합의는 결론을 이끌어낸다!

그러면 시끄러운 자는 조용한 자에게 시끄러움을, 조용한 자는 세련되지 못한 자들의 세련됨을 배려하게 될 것이다. 뜻밖의 해결책이 아닌가.

튀링겐주에 있는 아이제나흐에 이른바 갑충甲蟲 학자가 살았는데, 그에게는 여자 조카가 하나 있었다. 나는 언제쯤 그런 아이를 가질 수 있을까? 어쩌면 절대 가질 수 없을지도 모른다. 그렇다면 얼마나 유감인지! 이 이웃집 아가씨는 학자의 감독하에 심히 고통을 받았다. 아프리카에서는 한 소위가 팬츠만 입고 창을 휘두르며 돌아다니는 불경한 부시맨에 저항해 싸우지 않았던가? 그가 월계수 잎에 둘러싸여 집으로 돌아오자, 저것 봐라, 그 아가씨는 갑충 학자의 보호와 호텐토텐족 전사 사이에 놓이게 되었다! 이 습득물은 두 사람 모두에게 큰 의미가 있었다. 덤불 속에서 일어난 애무와 거기에서 파닥거리던 비둘기 같은 꿈들은 별도의 장을 만들 수 있을 것이다. 각자의 능력은 습득물 아래위의 깊이와 높이, 그리고 그 주변에 놓인 것들이 잠시 숨을 쉬는 동안 그들의 전문성에 의해 심화되었다. 그것은 쌍방 간에 서로를 무시하는 지식과 삶을 의미하는데, 나는 그에 대해 아무것도 할 수 없구나.

그곳에서 멀지 않은, 햇빛이 비칠 때면 슬레이트지붕이 빛을 발하는 성 안에 자기 남편을 증오하는 자만심 강한 여자가 살고 있었다. 하지만 그녀는 피하지 않고 그에게 옆을 허락했는데, 그것은 남편에게 악의적 의도를 갖고 있기 때문이었다. 그녀의 이름은 때로는 충실하고 때로는 깜빡하는 내 기억이 나를 버리지 않았다면 폰 탄호르스트 부인이었다. 탄호르스트 부부에게는 여덟 살 난 아들이 하나 있었다. 내가 착각하지는 않았나? 아니, 아니다. 그 소년은 수많은 방들 중 하나에 떨어져 살았고, 이따금 엄마가 방문해 의도적으로 사랑스러운 입술을 깨물거나 아름다운 이마를 꼬집었다. 분노와 같은 단어들은 그 어떤 펜으로도 쓰여서는 안 된다. 유산은 소년의 애처로운 어깨에 짐이 되었다. 아직 아무 경험도 없는데 벌써 그렇게 많은 재산을 가지다니! 소년은 충분히 먹지도 않았다. 그러면 이 짐짓 경건한 부인은 아픈 곳이 없는지 물었고, 그러면 소년은 몸을 떨기만 했다. 나 역시 아무 말도 하지 않고 온화하게 차라리 공원에서 산책이나 하는데, 그 공원은 괴테의 표현에 따르면 나무들이 하늘로 자라지 않았고, 한스 폰 마레*에 따르면 용처럼 보이기도, 분수처럼 보이기도 했다. 흥미롭게도 나는 이 소년이 고통을 당하도록 내버려두었다. 그는 자신의 고뇌를 사랑했고, 그에게서 그 고뇌를 덜어주지 않는 여성 또한 그를 사랑했으며, 그래서 그녀는 그에게 다정하지 않다는 것을 누가 알겠는가. 예전에 그는 그녀에게 편지를 썼다. "나는 묶인 상태의 냅킨을 받아본 적이 단 한 번도 없지만 당신에게는 저항할 수 없군요. 필요한 지시를 내려주세요. 나는 끝없이 당신을 찬탄할 거에요."

나는 이 편지를 길게 늘릴 수 있지만, 사람들이 거기서 뭔가를 생각하도록 짧게 내버려두련다.

이웃집 아가씨나 소년에 관한 이야기의 출처는 신문 가판대로, 말하자면 30상팀짜리 책자에서 가져온 것이다.

지금 나를 몰두하게 만드는 것은 다음과 같다.

아름다운 아내를 가진 남자

남자는 진지해 보였는데, 그럴 권리가 없는 것이 그는 아름다운 아내를 가졌고 그래서 즐겁게 보여야 했기 때문이다. 아름다운 아내가 없는 나는 스스로 즐거움을 과장한다. 아름다운 아내를 가진 남자는 항상 아름다운 아내에 대해 강력하게 경고하듯 나를 쳐다본다. 그를 볼 때

---

* 19세기 후반에 활동한 독일의 화가.

면 나는 스스로에게 말한다. "저기 사람들이 아름다운 아내를 가졌다고 말하는 남자가 오는군." 그가 내게 관심이 있다는 사실을 부인하지는 않겠다. 아름답다고 말해지는 이 여성과 결부된 채 다가오는 형상은 누구를 이기지 못하겠는가. 내게 아름다운 아내가 있다면 아마 나 역시도 걱정이 많을 테지. 아름다운 것은 걱정 없음을 포기하게 만든다. 그가 나를 쳐다보면 나는 마치 그런 것처럼 행동한다. 그가 나를 흥미롭게 여길까? 그는 그래야만 하고, 한번쯤은 아름다운 아내에게 나를 소개할 수도 있었을 테지만, 그는 그것을 허락하지 않았다. 우리가 서로를 바라보는 방식은 정말이지 관찰에 관한 지루한 레퍼토리와 같다. 그는 내가 아는 바대로 자신에게 아름다운 아내가 있다고 말하지 않고, 아무에게도 아름다운 아내가 있다고 믿게 할 수 없는 나 또한 그 말을 하지 않는다. 내가 그의 아내에 대해 들었기 때문에 그는 나의 관심을 끌고, 나는 그에게 소개할 아내가 없기 때문에 그는 내게 관심이 없다. 그러나 지금은 아닌 일이 어쩌면 나중에 일어날 수도 있다. 최근에 그는 마치 그의 아름다운 아내가 나에 대해 나쁜 말이라도 한 것처럼 더는 나를 쳐다보지 않았는데, 그녀가 그렇게 할 수 없었던 것은 그녀는 나를 알지 못하기 때문이다. 내가 그녀를 알게 되고 나를 진정시킨다면,

나는 무슨 말을 할까? 이런 경우라면 그 남자에게 불안이 찾아오고, 따라서 걱정을 할 것이다. 아름다운 아내들은 자기 남편이 많은 신경을 써줄 것을 요구한다. 내가 여기서 이보다 더 조심스럽게 표현할 수 있을까? 아름다운 아내를 가진 남자와는 조심스럽게 관계를 맺어야 하는데, 그것은 아름다운 아내를 갖지 못한 채 기꺼이 아름다운 아내를 만나고 싶어하지만, 사람들이 그럴 가능성을 주기보다는 차단시키는 남자를 조심스럽게 다루어야 하는 것과 같다. 내가 그녀를 본다면, 그의 얼굴은 아마도 심각해질 것이다. 내가 그 일을 어떻게 책임질 것인가? 아니다. 나는 순종적인 남편을 가진 아름다운 아내에 대한 관심을 끊어야겠다. 내가 그녀를 지루하게 만들면 어쩌려고? 내가 그녀를 즐겁게 해준다면 그다음에는? 바라건대 그가 그 자신에게 이미 얼마간은 싫증을 내고 있는 그녀와 만족스럽게 지내기를! 그가 이 글을 읽는다면 뭔가를 상상할 것이다. 그의 아름다운 아내는 그가 나를 아직도 그녀에게 소개하지 않았고, 그녀를 아름답다고 여길 수 있기 때문에 나를 매혹시키는데, 그것은 그에게나 나에게나 다행한 점이고, 순종에 관심이 있는 그녀에게도 다행한 점으로, 이것으로 나는 일련의 관찰을 끝내려 한다.

몇몇 작가와 어느 성실한 부인에 관해

책을 읽을 때면 나는 쉽게 몰입하고 몇 주라도 독서를 하며 보낼 수 있다. 그렇게 나는 몰리에르의 희극과 모파상의 소설을 읽었고, 이 두 위대한 작가들을 기쁜 마음으로 나란히 두었다. 그들은 기질이나 인간에 대한 통찰이 비슷했다. 모파상을 읽으면 그는 놀라운 것을 눈앞에 제시해서 인생의 일반적인 흐름을 과소평가하게 만들 수 있다. 세련된 감정에 믿을 수 없는 힘이 들어 있고, 더 위대한 단편 작가는 아마 없을 것이다. 그의 작품을 읽는 것은 기분이 좋고, 놀랍고 행복해졌다는 것을 의미한다. 나는 언젠가 누군가가 또다시 그렇게 기이한 것을 쓸 수 있으리라 생각하지 않는다. 그 외에도 나는 책에 대해 감탄하다가도 나중에는 내던져버려서, 그 책들은 책방에서 다시 구할 수 있다. 나는 비에르 드 릴라당 백작의 『잔인한 이야기』를 아주 재미있게 읽었다. 그리고 뒤마는 얼마나 대단하고 모험에 찬 글을 쓰는지. 당신은 그의 소설 『몽테크리스토』를 아는가? 외젠 쉬의 『젊은 여성의 회고』에 대해 말하자면,

당신은 마지막 행에 이를 때까지 그 책을 내려놓지 못할 것이다. 마지막에 언급한 두 작가는 대단히 비문학적으로, 말하자면 근원적이고 환상적으로 글을 쓰는데, 바로 그 때문에 문학적 가치를 보여준다. 발자크는 자기 글에서 넘치는 교양을 드러낸다. 하지만 오로지 소박함 그 자체로 사로잡는 책들이 있다. 나는 병원에서 한 유대인 여성에 관한 글을 읽었는데, 그녀는 자기 남편이 공개적인 비난을 받을 때도 그 옆에 변함없이 머물렀고, 이런 태도 때문에 크게 비난을 받았다. 우리가 좋아하거나 싫어하는 여성의 특성은 남성에게도 마찬가지다. 그럴듯하지 않은 것도 미덕을 통하면 빛을 발하듯 아름다울 수 있다. 바쁜 여행객이 충분히 책을 고를 시간이 없을 때처럼 나는 종종 신문 가판대에서 파는 흔한 책들을 읽는다. 알다시피 사람은 읽는 책 속에 자신의 생각을 집어넣기 때문에 애초에 어떤 책도 마다할 필요는 없다. 모든 사람과 잘 지내야 하지 않는가? 당신은 많은 사람과 관계를 맺고, 그 사람이 당신 마음에 들지 않는다 해도 바로 그것을 알아차리게 하지는 않는다. 하인리히 폰 클라이스트는 오랫동안 비난을 받다가 그다음에는 갑자기 과대평가되었다. 나는 그의 산문들을 성공적이라고 여기고, 부분적으로 내게는 정서와 이성에서 억지로 끌어낸 것처럼 보이는 그의 운문도 마찬가지로 성공적이라고 생각한다. 나는

『펜테질레아』를 변성기와 같다고 여긴다. 내가 보기에 이 작품 속에서는 그 자체로 무너지는 위대하고자 하는 비지성적인 열망과 자기 자신에게서 한 번에 너무 많은 것을 끄집어내려는 욕망이 드러난다. 그후에 나는 괴테의 젊은 시절 작품을 읽었고 괴츠, 클레르헨, 그레첸과 같은 인물들에 대한 즐거움에서 바이마르가 추구하는 바를 이해했고, 이 작가가 바이마르 궁정으로 옮겨간 작가였던 만큼 대단히 사려 깊고 신중하고 동시에 활기찬 사람임을 알아차렸다. 『젊은 베르테르의 슬픔』을 나는 천상적이라고 부르고 싶다. 장 파울이 이 책을 조롱했지만, 나폴레옹은 이 책에서 엄청난 인상을 받은 사람에 속했다. 사람들은 종종 사랑을 거절할 수 있다. 고뇌는 기쁨과 마찬가지로 아름답고, 이런저런 잔을 마신 고뇌하는 사람에게서 보다 높은 즐거움을 생각하게 만든다. 『에그몬트』는 얼마나 섬세하고 이해심 있게 여군주에 대해 말하는지, 그리고 이 여성은 애인이 감옥에 있다는 것을 알고는 밤마다 브뤼셀의 골목을 지나가며 서민들처럼 얼마나 단순하고도 아름다운 말로 "내 사랑 어디가 아픈가요?"라고 묻는지. 얼마나 매력적이고 화려한 작품인가! 너무도 지혜롭고 따뜻하구나. 그리고 나서 클링거와 바그너 같은 현상에서 나를 살펴보게 되면 분명 흥미로울 것이다.

자허마조흐

갈리시아에서 태어난 그는 어린 시절에는 아마도 학교에 다녔을 것이며, 작가로 교육을 받았고, 나름대로 성공을 거두긴 했으나 대신 아내를 불행하게 만들었다.

혹독한 교육을 받지는 못한 채 그는 『디렉터 양』과 같은 중편소설을 썼다.

한때 많이 읽힌 책 중 하나인 『모피를 입은 비너스』에서 남자 애인은 상자를 나르는 모습을 특징으로 보여준다.

그는 아름답지만 유감스럽게도 지나치게 사랑에 빠졌고, 따라서 약점이 많고, 에너지는 빈약하다.

그는 자기 하인을 경멸하는 만큼 다른 사람을 존중하는 여인이 기차의 일등 객실에 올라타도록 능숙한 솜씨로 도와주고, 자신은 진정 기뻐하며 그보다 못한 칸으로 올라탄다.

우리의 작가는 이와 비슷한 경험들을 제공하는 것을 지나치게 즐긴다. 하지만 그의 운명은 그가 글 쓰는 방식 때문에 조롱받게 만든다.

나는 예전에 알코브*가 있고 예쁜 가구를 갖춘 방의 바닥에 다리를 편하게 뻗은 채 그의 감독관 이야기를 읽은 적이 있다.

게다가 내가 그의 장원 여주인이 하는 채찍질에 대한 지식을 갖게 된 것과 순진한 실수로 무고하게 벌받는 소년을 알고 이런 '선행'을 마음껏 즐긴 것은 이 작가 덕분이다.

그 일이 카르파티아산맥에서 일어났다는 사실은 변명으로 받아들여진다.

동쪽 지역의 특성을 묘사하는 사람이 보다 계층화된 서쪽 지역에서 호의적인 독자를 발견하는 것이 놀랍지 않은 까닭은 거친 사람들은 길든 사람에게 강한 인상을 남기기 때문이다.

이 작가가 아니면 누구에게서 푸른빛을 발하는 증류주 냄새로 가득찬 주점의 방들을 찾겠는가? 이 사람 외에 다른 누가 오늘까지도 곰들의 싸움과 같은 것들을 생각나게 하겠는가?

차라리 그것을 읽지 말았더라면 하고 나는 사실대로 고백한다. 우리는 선한 의지로 달갑지 않은 관계에서 벗어나는 데 성공한다. 살다보면 하나의 영향력은 다른 하나를 성공

---

* 건축에서 침대 등을 두기 위해 벽의 한 부분을 쑥 들어가게 만들어놓은 것.

적으로 대체하지 않는가?

그는 항상 자기 소설의 주인공을 보도 위에서 딸가닥거리는 붉은 가죽 장화를 신은 아낙들에게 아주 부드럽게 얻어맞게 만든다.

나라면 너무 한 방향으로 치닫는 영혼으로 자기 삶의 권리가 약화되는 것을 즐거워하는 저 멍청한 사내를 보다 심하게 다루게 했을 텐데.

그가 기꺼이 복종했던 부인은 그를 너무 싱겁다고 여겨 그를 버리는 수밖에 다른 방법이 없었다. 그녀가 했던 방식은 물론 그에게는 유쾌하지 않았겠지만.

그가 그 부인 때문에 고통을 받는 동안 그녀는 차를 따르게 하고 아주 편안하게 베토벤의 〈월광 소나타〉를 들었다.

그 밖에도 그녀는 하녀에게 따귀를 때리는 임무를 넘겨받았던 그 성에서 벗어나기를 갈망했다. 그녀의 고상한 성품은 그런 분위기에서 고통받았던 것이다.

이런 이야기를 쓰는 사람은 자신과 독자들의 유익을 위해 차라리 다른 사람이 되었으면 좋았을 테지만, 그런 일은 한 번도 일어나지 않았다.

그래도 그는 스스로 유명해졌고, 나의 글은 그런 상황에서 나왔다.

파르치팔이 그의 애인에게 편지를 쓰다

파르치팔이 자신의 애인에게 편지를 쓰기를 나는 내적으로는 아직 매우 젊고, 그래서 많은 것을 소홀히 하며, 많은 책을 읽고, 스쳐가면서 이런저런 사람들과 관계합니다. 많은 사람들처럼 나는 다음과 같이 지냅니다. 우리는 우리 자신보다 다른 사람들을 다루고 돌아보는 것을 더 좋아하는데, 그것은 우리가 그들의 잘못을 꿰뚫어 보기 때문입니다. 나의 잘못은 나 자신보다 다른 사람들 눈에 더 잘 띄고, 그들의 대화에서 내가 그런 것처럼 나의 대화에서 그들도 마찬가지지요. 나 스스로를 하찮게 여긴 적은 한 번도 없습니다. 내가 뭔가에 가치가 있다는 믿음은 한 번도 나를 떠나지 않았지요. 당신과 다른 사람들은 나를 위협하려 했지만, 어떻게 내가 당신들을 위해 나 자신을 속일 수 있을까요. 그렇다면 나는 분명 솔직하지 못한 것입니다. 당신의 매력에 대한 생각이 나를 춤추게 만들었기 때문에 나는 넘어졌고, 병원에 갔으며, 그것을 당신에게 제대로 보고하는 대신 나는 영원히 당신 곁에 있다는 생각으로 잘 지내왔습니다. 당신은 항상 내 주변에 있었고, 나를 바라보았지요. 아마도 사랑이야말로 사랑의 적일 것입니다. 순전히 진실 때문에 나는 당신에게 진실하지 않았고, 아름다움에 대한 욕망 때문에 아름답지 않게 행동했으며, 그것을 의식했기 때문에 이후에는 더는 당신을 찾지 않으려 했고, 주변을 헤매며 정신적으로나 영적으로나 계속 당신에게 진정으로 예속되고 그래서 편안해졌습니다. 그대여, 보시오. 그렇답니다. 당신이 나를 너무 행복하게 만들었고, 내가 가진 것을 다시 내게서 빼앗았기 때문에 나는 당신에게 가고 싶지 않습니다. 거칠게 말하면 나는 당신에게 질렸는데, 말하자면 나는 너무 당신에게 몰두해서 당신의 진짜 존재가 필요치 않지요. 그 밖에도 나는 당신을 너무 많이 생각했기 때문에 당신 앞에서 창피했습니다. 다른 여성을 알고픈 생각이 몰려오는 것은 그 여성을 속이고 오로지 당신만이 누릴 권리가 있는 관심을 그 여성에게 매력적인 방법으로 보여주기 위해서였지요. 당신은 내게서 모든 욕망을 앗아가고 나를 불안한 아이로 만들지 않았던가요? 사랑은 나를 어린아이처럼 만드는데, 내가 그렇게 불쌍해시는 것을 자신에게 허락해야 할까요? 나는 당신 앞에서 너무 하찮아졌기 때문에 당신에게 되돌아갈 결심을 할 수 없답니다. 나는 당신을 결코 잊을 수 없지만, 당신 때문에 나를 둘러싸고 있는 것을 사소하게 여길 수는 없습니다. 이 같은 불꽃은 오래가면 지루해질 것입니다. 내가 오직 하나의 감정 때문에 혼미해지고, 나를 불행하게 만들기 위해 행복의 힘을 제거해도 되는 걸까요? 나는 내 능력의 활기를 지킬 의무가 있습니다. 나는 이웃에게 긍정할 수 있는 광경을 보여줌으로써 그들을 존중한다는 사실을 당신에 대한 사랑 때문에 무시해서는 안 됩니다. 깨어진 감정으로 불행해진 사람에게 주변 인물들이 아니라고 말할 때, 그 사람이 스스로를 유감스럽게 여긴다면 나는 그것을 기분좋게 여기는 사람이 아닙니다. 나는 당신을 사랑하고 소유하며, 당신을 소유하기 때문에, 당신을 더이상 볼 필요가 없습니다. 이미 가지고 있는 것을 붙잡기 위해 움직일 필요가 있을까요? 당신은 항상 나를 만족시켰고, 내게 너무도 많은 것을 주었으며, 내가 주는 것보다 너무 많은 것을 받게 했습니다. 가장자리까지 채워진 통에 더 많은 것을 담기를 누가 바랐던가요? 한마디로 나는 내가 갈망하기에는 당신을 너무 아름답다고 여겼고, 내게 충분한 것 이상으로 당신을 너무 높이 올려놓았습니다. 나는 하늘까지 올라간 자와는 기꺼이 함께할 수 없고, 당신이 잘못 휘두를지도 모를 역할을 감당하기를 원치 않아요. 내가 당신을 똑똑하다고 여겼던가요? 결단코 말입니다. 나는 아직 당신을 충분히 누리지 못했고, 내 겸손한 태도에 미소 지을 생각이 든다면 당신은 이미 나에 대해 고집스러워졌을 것이고, 나는 그것을 당신에게 기꺼이 허락했겠지요. 모든 헌신적인 욕망에는 사람들이 나를 존중해주기를 바라는 소망이 그 안에 살아 있기 때문이지요. 그 소망이 내게 주어져 지나치게 각인되어 있다면 나는 그것을 고려하지 않으면 안 됩니다. 그러고 나면 행복을 고려하지 않는 것으로 행복하게 느끼는 뭔가가 내 속에 있습니다. 아름다운 이여, 당신을 무시하는 것은 두 손을 마주잡고 신에게 용서를 빌게 하지만, 내가 당신을 죽도록 갈망하는지는 당신과 무관하게 알고 싶습니다. 나 외에 누구에게도 나 자신을 맡길 수 없는 것은 내가 자신을 통제하는 법을 알기 때문이며, 그렇게 해서 나는 나 자신에게 순응해야 한답니다.

기이한 아가씨

내 머릿속에 두어 가지 다른 생각이 있는데도, 게다가 치통이 있는데도, 어느 날 사교모임에 남자 복장을 한 아가씨가 나타났다는 이야기를 하려고 한다. 나는 떨리는 손으로 이 작품의 가장 멋진 부분을 계속해서 써나간다. 어느 작가가 이렇게 계획 없이 글을 쓸까? 그 아가씨는 매력적인 얼굴을 하고 눈을 반짝였으며, 세련된 곡선의 입술은 살짝 비웃는 듯했다. 묶지 않은 머리카락은 스스로 뭔가를 말하는 듯했다. 남성들이 자기 앞에서 공손하게 무너져내리는 것에 익숙한 이 여성은 허락 없이 들어온 한 남자에게 겁을 주려 했지만, 그가 자신을 전혀 주목하지 않는다는 사실을 알아차렸다. 이에 매우 당황한 그녀는 우아하게 꾸며진 옆방으로 물러가서는 도자기로 된 작은 강아지를 양탄자가 깔린 바닥에 던져버렸다. 그녀는 엄청나게 화가 나서 입술을 깨물었고, 오로지 사랑스러운 느낌들 때문에 불쾌하게 움직이는 가슴에 손을 얹고, 자기를 흠모하며 진정시키려 하는 다른 남자를 내쫓아버렸다……

여기서 나는 잠시 멈추고 내 생각을 정리하는 데 필요한 만큼의 인내를 독자들에게 당부한다. 담배 향이 내 생각에 날개를 달아주기를.

그라모폰에서 테너 카루소의 목소리가 흘러나왔다. 한 시인이 여주인의 손에 우아하게 입을 맞추었다. 긴 옷자락을 한 아가씨들은 얼마나 우아하게 춤을 추는지! 어떤 이들은 주의력에 있어 지금까지의 능력을 능가한다. 가능한 한 많은 멋진 생각이 나의 굳어진 머릿속에 떠오르기를!

한 여성이 제2제국 시대의 소파에 앉아 있는데, 그녀가 자신의 아름다움에 대해 덜 걱정한다면 훨씬 더 아름다웠을 것이다. 걱정하지 않음은 젊음을 부여하고, 몰두는 매력을 배가한다. 젊게 머무르는 조건 중 하나는 비록 일상적인 것일지라도 항상 뭔가를 즐기는 능력에 있다. 어떤 수위는 신발을 닦을 때 행복하고, 어떤 대가는 피아노를 치면서도 비참해질 수 있다. 내려가는 것이 올라가는 것보다 장점이 될 수 있다.

내가 여기서 놀라울 정도로 건조하게 글을 쓰고 있지 않은지!

한 곡예사가 샌드위치를 담은 접시에 꽉 매달려 있었다. 그의 기획자는 그에게 자기 자신을 생각하지 말고 다른 사람들을 더 많이 생각해보라고 주의를 주었다. 그러는 사이 그 기이한 아가씨는 구제할 수 없는 사랑에 빠졌다. 그녀의 심장이 관통당한 것처럼 느껴졌다.

"흥, 웃기는 작자로군!" 이 말은 사귀고 싶어하면서도 그러기 위해 무례한 것 외에 다른 방법을 알지 못하는 관찰자에게서 튀어나왔는데, 사람들은 누군가를 높이 평가하지만 고백하는 것을 좋아하지 않기 때문에 종종 거칠게 행동한다.

우유처럼 흰 부드러움과 당밀같이 달콤한 침착함으로 우리의 작은 인물을 완벽하게 무너뜨린 것은 숙녀의 천사 같은 얼굴이었다.

"당신은 측은지심도 없어요?"라고 덜덜 떠는 남자가 속삭였는데, 상대는 잼 냄비같이 근엄하게 다가와서 과일잼 같은 무심한 표현을 평소라면 예의바르게 거절했을 치즈 제조업자의 딸이었다.

큰 키에 우아하게 꾸민, 믿을 수 없이 고상하게 움직이는 이 여자는 시엔키에비치* 소설에 어울리지 않을까?

그녀는 방금 감자샐러드가 먹고 싶어졌고, 식초와 오일 생각만 나서 그것으로 신사 복장을 한 아가씨의 심장에 상처를 냈다.

이 글을 쓰는 수고로움으로 나는 피곤해졌고, 이제 자러 가련다. 원하는 자는 이 이야기에서 지혜로워질 것이다.

---

* 폴란드의 소설가로 1905년 노벨문학상 수상자.

아이

유감스럽게도 그는 아직 학생이자 견습생이고 아이에 불과했다. 그는 명성은 없었지만 대신 애인이 있었는데, 그녀는 작은 입과 수수께끼 같은 눈빛으로 아이에게 제대로 '벌을 줄' 수 있었다. 원칙적으로 아이들은 기고만장하다. 처음부터 아이들은 겁을 줘야 한다. 아이는 자기 애인에게 처음부터 겁을 먹었다. 아이가 자기 여주인을 찬양하는 노래에 맞추기 위해 만돌린이나 다른 악기를 가졌더라면 좋았을 텐데. 아이는 생각으로는 이 애인에게 선물을 퍼붓지만, 실제로는 매우 검소하고 절약하고 소시민적이었다. 아이는 관념적으로는 대단히 과감하지만, 실제로 계획한 것을 실행할 때면 소심하게 뒤로 물러났다. 아이는 개와 같은 ─그레이하운드라고 하자─ 예민함을 갖고 있었다. 아이가 주변을 뛰어다닐 때면 그 무엇도 그의 즐거움에 다가가지 못했다. 아이는 한때 아주 세련돼 보이는 남자였다. 하지만 사람들은 어디서나 쉽게 그의 유아적인 면모를 알아차려서, 자신이 안전한 척 가장하는 그의 태도는 성공을 거두지 못했다. 하지만 그는 비겁함 따위는 전혀 알지 못했고, 최소한 줄곧 비겁하지는 않았다. 아이는 강한 자들의 조롱을 웃어넘겼다. 조롱과 무정함이 그를 행복하게 해줬다. 그것에 대해 어쩌겠는가? 아이는 이미 마흔 살이 되었는데, 원래는 그보다 조금 더 나이가 많았다. 하지만 우리는 진심으로 그의 나이를 묻어두려 하는데, 아가씨들에게 나이를 물어 귀찮게 하지 않는 것과 마찬가지다. 아이는 사슴의 눈을 가졌고, 어리석게도 부드러운 손으로 모든 것을 받아들였지만, 나중에는 무언가를 받을 때면 보다 신중을 기하고, 주머니를 채우기보다는 차라리 기부하기로 마음먹었다. 주머니에 집어넣으려 하는 자는 기생충이란 말을 들을 수 있다. 한때 아이는 에너지가 넘쳐났던가? 어떤 사람들은 그렇다고 말하고, 다른 사람들은 항상 똑같았다고 말한다. 과거에 아이는 말하자면 두꺼운 책들을 썼는데, 그 말은 아이가 글을 쓰면서 자신이 경험했던 것을 반추했다는 사실을 뜻한다. 이제 아이는 계속되는 삶을 그리려 하지만, 무엇보다 그것을 위한 하나의 형식을 찾지 못했다. 아이는 소설이 나오기를 기다리게 했기 때문에, 사람들은 그를 게으르다고 비난했다. 아이는 유례없이 피곤하다고 하고, 그런 일은 그에게 한 번도 없었기 때문에, 그가 글 쓸 마음이 없다는 소문이 사방에 퍼졌다. 사람들은 실제로 주머니에 출판 준비가 된 원고를 가지고서야 자신을 교양 있는 자라 증명할 수 있을까? 아이는 물론 기꺼이 봉사하려는 내면의 태도와 사랑으로 끔찍하게 많은 시간을 잃었다. 아이가 해당 인물을 엄마라고 부르는 것은 미성숙한 탓이다. 하지만 우리는 그가 그렇게 하도록 놔두어야 한다. 그는 단 한 번도 성숙하게 받아들여지기를 요구하지 않았다. 그는 때때로 무례하게 행동했다. 그를 보호한다고? 우리는 그럴 생각이 없다. 그 같은 사람이 그런 걸 필요로 하겠는가? "한때 화제를 불러일으키고, 대단히 지적인 두뇌와 몹시 아름다운 글씨체를 보여주었던 자네가 별 볼 일 없이 거기 서 있다니! 내가 자네 입장이라면 크게 슬퍼할 텐데. 기운내!" 한때 학교 동급생은 그에게 그렇게 말했다. 아이는 전혀 화를 내지 않았지만, 그때부터 이의를 제기하는 이 사람을 냉정하게 대했다. 사람에게는 앞으로 나아가는 것이 어려워지는 경우가 있는데, 그것은 어느 정도 이해될 수 있을까? 성공은 이해를 받고, 머뭇거림은 비웃음을 받았다. 그래서 아이는 예컨대 자기 애인 앞에서도 한마디 말을 할 수 없었는데, 이는 아이가 엄청나게 많은 말을 준비했기 때문이고, 그녀에게 모든 것을 한 번에 말하고 준비된 모든 것을 펼쳐놓을 생각이었기 때문이다. 이제 아이가 그녀를 멀뚱하니 쳐다보기만 하자, 그를 재미있다고 여겼던 그 여자는 지루해졌다. 과거에 그는 재미있었나? 그를 더 잘 아는 사람들은 그 말에 찬성할 수도, 부정할 수도 있다. 그는 과거부터 예외적인 경우에만 좋은 친구였다. 그는 과거의 여자친구들에게 호감을 주었는데, 그가 그녀들의 귀와 입을 모두 사용하게 했기 때문이다. 침묵하는 것은 말하는 것만큼이나 편안하다. 예를 들면 "당연하지" 혹은 "어린애라도 그건 이해할 수 있어"와 같은 말로 그에게 충격을 주어야 한다고 믿는 사람들이 있는데, 그것은 더 밝게 보라는 경고였다. 아이는 그들을 바라보고 모두에게 각자의 특징이 있는 것을 알았으며, 이 같은 관찰을 마음 편하게 받아들였다. 아이는 헝클어진 머리를 하고 종종 씻지도 않은 채 격식을 갖춰야 하는 공간에 나타났다. 그는 가난 때문이 아니라 자만심에서 그렇게 했다. 그의 적들은 거기서 아이를 쉽게 알아봤지만, 아이는 속으로 어떤 적도 두지 않아서, 모든 이들과 장난하듯 지낼 수 있었다. 그의 '사랑'은 휴전을 의미했는가? 아이는 처음으로 사랑을 했다. 그의 숙녀는 그에게 아무런 작은 호의도 베풀지 않았지만, 그는 그것이 필요치 않았다. 그 밖에도 아이들은 종종 다루기가 어렵다. 나는 그들을 너무 많이 돌봐서는 안 된다는 생각인데, 아이들에게 까다롭고, 이해심을 가지고 다가가는 것은 그들을 만족시키기보다는 오히려 화나게 하기 때문이다.

이따금 아이는 다음과 같이 썼다.

그래, 나는 나쁜 사람, 다시 말하자면 세련되고 교양 있는 사람이다. 세련된 사람은 나쁠 권리를 가진다. 오로지 교양 없는 사람만이 성실할 의무를 느낀다. 내가 사무실 여직원에게 무엇을 했던가? 나는 모든 일에서 그녀가 옳다고 동의하지 않았다. 그 때문에 화가 나서 그녀는 병이 났다. 한 예쁘고 젊은 여성이 내가 자기를 흠모하는지 알기를 원했다. 내가 그녀에게 이해심을 보이지 않았기에 그녀는 점점 무너져갔지만 반대로 나는 높은 곳에 머무를 줄 알았다. 다른 날에는 나는 더이상 알은척하지 않으려고 그 숙녀들 앞에서 고개를 숙였고, 그렇게 해서 불쾌감을 확산시켰다. 다른 사람들의 불쾌감은 나를 기분좋게 한다. 그들의 싸움은 내게 평화를 가져다준다. 즐거운 얼굴들은 얼마나 지루한가! 진지한 사람들은 얼마나 우스운가! 때때로 나는 어떤 아가씨를 사랑했는데, 그녀가 분명 얼마간 장애가 있는 것처럼 보이기 때문이었다. 멍청한 것은 뭔가 매력적인 데가 있다. 나는 나 자신이 원래 무엇을 가졌는지 잘 알지 못하는 사람이다. 때때로 나는 여자처럼 예쁘다. 경치 같은 것에 관한 이야기를 듣는 것은 지루하다. 세련된 사람들은 예술품을 보고 "멋지군"이라고 외치는 것이 마땅한 일이란 걸 알아야 한다. 칭찬은 정말이지 무미건조하게 느껴진다. 황홀경에 빠지는 것은 때때로 어리석음에 가깝다. 행복한 사람들은 곧잘 사랑을 받지 못한다. 아이가 자신의 즐거움으로 반짝이는 것, 그렇게 자연스럽게 눈을 빛내는 것은 거의 뻔뻔스러운 일이 아닌가? 명랑함은 매 순간 타오를 수 있다. 하지만 사람은 자신의 만족감을 제어할 수 있어야 한다. 사람들이 당연히 도움을 기대하는 곳에서보다 그렇지 않을 거라고 생각하는 곳에서 나는 오히려 도와줄 준비가 되어 있다. 그 누구도 나를 아는 것처럼 나에게 행동할 권리는 없다. 내가 누군가를 인식한다면 그의 면전에서 그것을 말하지 않는다. 그렇게 해서 나는 거칠게 보이고, 언짢음을 불러일으킨다. 교양과 지성은 차이가 있다. "아가씨. 당신의 피츠너*를 얻었나요?"라고 누군가가 묻는 것을 들었다. 해당 여성은 그 질문에 약간 지루해하는 것처럼 보였다. 여성들을 세련된 말투로 붙들 수는 없다. 그것으로는 자기 자신도 붙잡을 수 없다. 얼마 전에 어떤 사람이 내게 호감을 가지고 욕을 했다. 나의 침착함이 그를 화나게 한 것이다. 겸손함 때문에 우리는 누군가를 거의 죽일 수도 있다. 아이러니는 해방감을 주기도 하고 고통을 주기도 한다. 나는 도스토옙스키를 읽은 사람 중 하나다. 어느 부인은 내가 자기에게 다정하지

―――――――

* 독일의 작곡가이자 지휘자. 보수주의자로 유명했다.

않았기 때문에 나를 미쳤다고 했다. 앞으로 나는 다른 여성들에게도 그렇게 될 것이다. 우월한 자들은 나를 우월하게 만든다. 겸손한 자는 나를 당황하게 한다. 사람들은 겸손함 뒤에 힘이 있다고 추측한다. 나는 때때로 다소 야비하게 굴지만, 오래는 아니다. 내가 분발해야 할 이유가 있을 때 외에는 그 무엇도 나를 즐겁게 하지 못한다. 우리는 이 경이로운 세상에 오로지 한 번만 산다. 저속한 것이 아주 경이롭게 보이는 때가 종종 있다. 지나친 음악은 건강하지 않고, 지나친 공손함도 마찬가지다. 많은 사람들은 나를 버릇없다고 여기고, 어떤 아가씨도 내게 키스를 하지 않았다. 나는 최근에 한 소년을 보았는데, 곧바로 친구나 혹은 교사가 되고 싶을 만큼 그의 얼굴이 마음에 들었다. 그는 나의 애인 같았고, 나는 그에게서 시선을 돌릴 수가 없었다. 그 소년이 나를 경탄하게 하고 기쁘게 해서 나는 애인을 가진 것이다. 나는 그 점에서 매우 똑똑하다고 생각한다. 애인이란 많은 것에 대한 하나의 변명이지 않은가? 나는 결혼을 하기에는 너무 나이가 많거나 너무 젊고, 지나치게 지혜롭거나 지나치게 경험이 없다. 반드시 해야 한다면 나는 아니라고 말하지 않겠다. 단지 소리가 크기 때문에 성실하다고 간주되는 것은 표면적인 것이 중요하다는 증거다. 나는 표면적으로 행동하기 때문에 사람들이 마음에 들어한다. 우리는 경박함으로 사람들을 얻을 수 있다. 사랑을 하면 사람들은 사랑스럽지 않게 행동한다. 그래서 사랑하는 사람들은 종종 호응을 얻지 못한다. 사랑은 보이는 것만큼 그렇게 강하게 작동하지 않는다. 에디트는 나를 어리석은 소년처럼 다루었다. 애착이란 어리석은 소년 같은 것이 아니고 무엇이겠는가? 그녀는 정말로 내게 엄격한 엄마처럼 굴고, 내게 지적질하며 나를 부적절하다고 여긴다. 그녀는 피아노를 가르치는 선생 같고, 고상하고, 약간은 장난스럽다. 나는 그녀를 끔찍하게 사랑한다. 감정은 저항할 수 없이 이성에 앞선다. 후자가 명령하는 것을 영혼은 하찮게 여긴다. 가슴은 사람들이 느끼는 것을 저절로 보여준다. 가슴이여, 너는 이미 수백 번도 더 나를 얼마나 부유하게 해주었던가. 그녀는 나를 내쫓고 나는 그녀에게 순종하여, 더이상 그녀를 보지 않는다. 아이는 고분고분할 때 행복하다.

설탕 조각

베를린에 있을 때 나는 영화관에서 캘리포니아를 배경으로 한 어린이 학원물을 보았다. 최근에 나는 당연히 다시 한번 산책을 갔다.

나는 머리를 흔드는 사람을 만났는데, 그 사람은 내게 끊임없이 "아니야"라고 말하는 것처럼 보였다. 그것은 나를 잠시 생각에 빠지게 만들었다.

가까운 언덕 위로 솟아오른 알프스산맥은 얼마나 부드럽고 위대해 보였는지. 카를 슈타우퍼*는 벨부아 공원에서 첫째는 자신에게, 그다음에는 여성 후원자에게 너무 주의를 적게 기울인 건 아닌지? 그는 그녀를 너무 편안하게 느꼈던 것이다. 항시 염려 없어 보이는 것이 좋은 법이다.

나는 그래서 음식점에 들어갔고, 여종업원에게 앞치마를 묶어주는 일을 찾았다.

초봄에 꽃이 피는 숲에 놓인 작은 의자는 얼마나 사랑스

---

*19세기 스위스 화가로 유명인들의 초상화를 많이 그렸다.

러운지! 그것이 아몬드로 만들어졌다면 나는 그것을 먹어 치웠을 텐데. 나는 그만큼 열광했다.

한 작은 계단 위에서 나는 어떤 헤델리를 생각했고, 전나무 아래에서는 어떤 에넬리를 생각했다.* 고양이 한 마리가 울타리를 능숙하게 뛰어넘었다. 닭들은 모이를 쪼며 황갈색 초원을 지나갔다.

나는 꺾인 용기를 끝내려 했지만 그것에 성공하지 못했다.

이어서 나는 아마도 여자 기숙사에 다다를 것이다. 나는 막대기 하나를 뛰어넘는 목적으로 사용하면서, 한 작가란 계란을 낳기만 한다면 어디서 출판하든 상관없다고 생각했다.**

나는 국내에서나 해외에서나 드물게 읽혔지만, 바로 그 때문에 나를 높이 평가하는 사람들이 있다. 프레골리***는 변장술로 자기 청중들을 즐겁게 했다.

여기 베른 주변은 경치가 아름답다. 한 농부 청년이 내게 와인 한 잔을 주었다. 나는 걸어가면서 다른 사람들이 옆길

---

* 원문에서는 계단(스테글리)과 헤델리, 전나무(테넬리)와 에넬리로 운을 맞추었다.
** 계란을 낳다(Eier legen)와 출판하다(verlegen) 역시 운을 맞춘 것이다.
*** 이탈리아의 연극배우.

에서 비틀거리는 것을 보았고, 길 가는 사람들은 순간적으로 한 발로 걷는다.

겨자를 곁들인 크뇌델은 기막히게 맛있었고, 나라는 책에서 나라는 인물이 가능한 한 겸손한 모습을 하고, 작가답지 않다고 언급되는 것은 내게 방해가 되지 않는다. 한 편의 아름다운 시를 즐기기에 어떤 사람은 이미 너무 늙었는가?

그 밖에도 곧 설탕 한 조각이 나타날 것이다. 출판인들은 인생에서 뭔가를 이룬 작가들을 자기에게 데려오길 잘한다.

즐거워하는 기술은 다른 사람의 즐거움을 즐겁게 여길 수 있는 능력 속에 있다. 나는 책상 앞에 앉기 전에 항상 철저하게 씻는다. 사전에 한 운동도 해가 되지 않는다.

저녁식사에서 내가 어느 부인을 대단히 정중하게 대했더니 그 남편이 내게 화를 냈다. 나는 그가 하는 말을 이해하지 않으려고 애썼다.

카바레에서 베일을 두른 여자 댄서가 춤을 추었다. 베일이 그녀 주변에서 물결쳤다. 나는 버마*에 온 것 같은 기분이 들었다.

나는 한 아가씨에게 "너는 작은 아이이고, 나는 큰 아이지 않니?"라고 말했다. 그녀는 고개를 끄덕였다. 나는 훌륭한

---

* 현재의 미얀마.

신사처럼 보이게 하고 환상적인 향을 발하는 담배의 종류를 알고 있다. 그건 그렇고 나는 어제 오후에는 담배를 피우지 않고 견뎠다. 견딘다는 것은 실제로는 체념이다. 체념하지 않는 자는 더 깊이 누릴 수 없다. 야서라는 사람이 "당신의 아가씨와 함께 곧 오세요"라고 말하는 것을 들었는데, 그때 밖에서는 진짜 아가씨들이 산책을 하고 있었다.

나는 부유하지만 기분이 좋지 않은 어느 부인에 관해 들은 적이 있다. 그녀는 모든 사람에게 유쾌하지 않은 기분을 나눠주지만, 재산을 나누어주지는 않는 모양이었다.

나는 설탕 조각을 높이 던졌다. 그것이 사라지는 모습은 아주 놀라웠다. 그후 나는 의기양양해졌다.

화려한 창문을 통해 빠진 머리카락들이 푸른 바람 속으로 날려가는 모습이란. 밑에서는 17세기 소설에 나올 것 같은 사람이 걸어갔다.

그런 다음 그는 사람들이 막대과자와 함께 맥주잔을 들이켜는 것처럼 막대과자로 그녀의 목덜미를 간지럽혔다. 그때 종소리가 울렸고, 그는 거기 앉아서 나중에 상황이 나아지리라는 것 외에는 다른 생각을 하지 않았다. 성스러운 것이 우리를 떠나지 않기를!

루트비히. 서평

　　　　　　아, 내가 이 책을 모든 사람에게 읽게 할 수 있다면!

　책 속에서 한 소년이 얼굴을 손에 파묻은 채 안락의자에 앉아 있었다.

　그의 이름은 루트비히였고, 다른 사람들은 그가 혼돈에 빠졌다고 말했다. 하지만 그는 전혀 그 말을 믿지 않았다.

　"끔찍해!" 주변에서 놀라는 소리가 들렸다. 사람들은 그를 침대로 데려갔고, 그는 아마도 아픈 모양이지만, 그보다 다른 사람들이 더 아픈 것처럼 보였다. 그들이 헛소리를 늘어놓고 있었기 때문이다.

　루트비히가 뭘 했단 말인가? 대답할 가치가 없는 질문 아닌가! 그는 한숨 쉬는 것 외에는 아무것도 하지 않았다. 누가 그것을 그에게 가르쳐주었지? 자신이 너 똑똑하다고 여기는 사람들이다. 그들은 스스로의 노력으로 무엇에 이르렀나? 그가 그 사람들에게 "나에게서 내가 아닌 것을 만들려 하지 마시오"라고 말하는 것 외에 아무것도 없었다.

그러나 사람들은 그를 위해 슬퍼하는 것을 그만두지 않았다. 계산된 행동은 얼마나 진부한지! 그가 계속해서 자신을 신뢰하지 않았다면 그들은 루트비히를 두고 죽도록 탄식했을 것이다. 그는 아기처럼 편안하게 누워 그들이 하는 대로 내버려두었다.

거기에 어떤 특별한 것도 하지 않는 바차노 씨가 있었는데, 그는 작은 결점에 대해 주문을 걸듯 수다를 떤다는 점에서는 다른 사람들과 비슷했다. "당신들은 내게서 뭘 원하나요?" 우리의 루트비히가 물었다.

부인들은 그에게 다가와 말했다. "애야, 너는 우리에게 벌써 큰 고통을 주는구나."

"제가 그 원인을 알기만 한다면." 병든 아이가 대답했다. 침대에 누운 그는 그림처럼 아름다웠고, 부드러운 인내심에서는 소녀와 같았다.

나는 그 책을 끝까지 읽지 않았는데, 계속해서 같은 것, 순진함과 놀라움에 관해 말하기 때문이었다. 탄식할 동기가 없는 곳에는 슬퍼할 권리가 결여된다.

그들은 루트비히를 자신에 대해 착각하게 만들지만, 그는 환자로서 너무도 즐거운 날들을 보냈다.

"이제 제가 일어나도 될까요?"

"너 무슨 생각을 하는 거야? 미쳤어?"

그래서 그는 누워 있었다. 그는 대단히 순종적이었기 때문이다. 아주머니와 여자 형제들, 신부들과 유혹하는 여성이 그에게 차례로 키스를 퍼부었다. 나라도 그의 입장이라면 그대로 내버려두겠다.

에디트는 그의 침대에서 떠나지 않았다. "불쌍한 사람." 그녀는 말을 더듬었다. 그 책에는 이 말이 쓰여 있지 않다. 그것은 나의 펜에서 나온 것이다. 내가 이것을 퍼온 우스꽝스러운 출처라니! 아, 나는 얼마나 포옹을 갈망하는가!

아름다운 여자와 진실한 남자

　　　　　아름다운 여인은 자신이 살롱의 신사들에게 매우 고상하게 둘러싸여 있는 모습을 본다. 그녀의 애인은 상당히 왜소해 보인다. 그는 아주 소심하게 약간 옆쪽에 앉아 있는데 상당히 무례한 미소를 짓고 있다. 그는 복수를 하려는가? 사랑하는 사람은 증오를 안다는 것을 좀처럼 부정하지 않는다. 아름다운 여성은 그에게 주의를 기울이지 않았고, 그녀는 경탄받지만 그는 소홀히 취급되었다. 그런 와중에도 그녀는 이따금 그를 쳐다보았는데, 아마도 그를 질투하게 만들 의도나 그에게 강한 인상을 남기려는 뜻에서일 것이다. 그녀는 빛이 나고 대단히 자신만만하게 느껴진다. 그는 그녀를 질투하거나 혹은 우울하게 느끼지 않았을까? 사교장에서 중요치 않은 인물이라는 사실은 얼마나 견디기 어려운지!

　아름다운 여인: 당신은 오늘 저녁 자신을 제대로 드러내지 않고, 순전히 겸손 때문인지 거의 보이지 않는군요. 사람들이 당신을 알아보지 못하겠어요. 뭐하세요?

애인: (카바레의 여자 공연자에게서 산 여성용 손수건을 그녀에게 보여주며) 나는 장난을 치고 있어요!

아름다운 여인은 창백한 얼굴로 뒤로 물러서면서 아주 단호하게 다른 사람들에게로 가지만, 속으로는 당황하고 의기소침해져서 실망하지 않은 척 가장한다. "그는 나를 더이상 사랑하지 않나?"라는 질문으로 그녀는 매 순간 더 괴로워진다. 이 진실한 남성이 아직 떠나지 않았는지를 알기 위해 그녀는 자신의 아름다움에 대한 확신에 가득차서 주변을 배회했다. 그녀는 그에게 많은 것을 요구했고, 그렇게 해도 된다고 믿었다. 그녀는 어느 누구에게도 체념을 기대하지 않았는데, 저 뻔뻔함이라니? 그녀는 자리에 앉아서 놀란 시선을 그에게 보낸다.

애인: (혼잣말로) 무시하지 못하게 하기 위해서라면 못할 게 뭐람?

유골함

어느 숲속에서의 밤

부인: 나는 당신이 나타나기를 기대하고, 당신이 내 마음을 이해하고 다정해지고 내게 오는 것보다 더 아름다운 소망은 없었지만, 당신은 내 주변이 마음에 들지 않기 때문인지 나를 믿지 않는군요. 당신에게 말하는 대신 나는 말 없는 나무들에게 말해요. 당신의 눈을 보고 기뻐하는 대신 나는 가지들 사이로 반짝이며 빛을 발하는 달을 바라보아요. 당신을 포옹하는 것이 내게 허락되지 않으니 나는 고통스러운 소망 속에서 헛되이 불러내고, 소중하고 다정한 사람을 담고 있는 이 유골함에 헛되이 내 팔을 감싸지요. 당신은 그것을 이해하지 못하고, 내가 차갑고 거만하다고 생각했지요. 수줍어하는 자는 겁먹은 여자에게로 가는 길을 찾지 못했어요. 우리는 우리 자신에 대해 서로 잘못된 환상을 만들었지요. 당신은 내가 구애를 받고 있다고 생각했고, 나는 당신이 그렇다고 생각했지요. 당신은 나를 겁먹게 했고, 나도 당신을 겁주었지요. 당신은 용기가 없었고,

나도 용기가 없었어요. 당신은 나를 오해했고, 나도 당신에게 오해했어요. 당신은 나를 존중하고 괴롭히고, 나도 당신에게 그렇게 해요. 우리는 서로 아프게 하기를 원치 않음에도 말이지요. 당신은 왜 나를 더 자세히 보지 않고, 내가 당신을 볼 때 느꼈던 즐거움을 알아차리지 못했나요? 당신이 강하다는 것, 사람들은 당신 앞에서 조심해야 한다는 것, 당신에게 대들 수 없다는 것을 친구들의 입을 통해 들었어요. 뭔가 알고 있다고 믿는 사람들의 불확실함이라니. 우리는 우리가 보이고 싶은 대로 우리를 보지 못한 잘못을 범했고, 지식과 경험이 중요한 곳을 인식하지 못했지요. 당신은 나에 대한 고통 속에서 무너졌고, 나는 일생을 우울과 당신에 대한 고통으로 보내게 될 거예요. 앞으로 나는 여기서 보내는 밤을 사랑할 것이며, 오로지 당신 곁에서, 아름답게 새겨진 돌 옆에서 행복해하고, 여기서만 미소를 짓고 기분이 좋아질 거예요.

남편: 왜 이리 기이한 장소에 있나요. 당신은 맥없이 무슨 말을 하는 거요?

부인: 혼잣말을 했어요.

남편: 청승맞기는.

부인: 마음 놓으시고 내게 팔을 내주세요. (그들은 묘지를 떠나면서 그 위로 눈길을 던진다.)

일기장

나처럼 품위 있고 건전하고 자발적인 사람에게는 유감이다. 여기서 나는 나의 지성을 가지고 유희한다는 것을 고백하면서 좋은 증거와 나쁜 증거를 동시에 제시할 것이다. 여러 차례 꿈꾸었던 시간에 대해 나는 실제로 경악한다. 그럼에도 그것은 아마 그다지 나쁘지는 않을 것이다. 그것에 대해 왜 관찰을 하려는가? 나는 질 드 레이* 처럼 탑들이 연못에 비치는 성 안에 살지 않고, 전혀 신사다운 삶을 살지 않았으며, 내가 절대 가지 말았어야 할 길을 갔고, 그런 겉모습을 일깨우고 그런 효과를 만들었다. 나는 인상을 남기는 대신 책임을 넘겨받았으며, 나를 한편으로는 지나치게 사랑스럽게, 다른 한편으로는 지나치게 거칠게 보여주었으며, 처음에는 끌어당기다가 나중에는 밀쳐냈고, 확신의 씨앗을 뿌리는 대신 잊어버림으로써 혼돈을 야기했다.

---

* 프랑스의 귀족이자 기사로 수많은 아동을 학대하고 살해한 혐의로 1440년 사형을 당했다.

나는 이 지역의 아가씨들 중 가장 아름답고 가장 존중받을 만한 에스메랄다를 아주 편안한 눈길로 살펴보았다. 그녀가 어떻게 지내는지에 대해 나는 전혀 관심을 두지 않았다. 그녀가 날 염두에 두는지는 고려의 대상이 아니었다. 희망을 불꽃처럼 타오르게 놔두고, 이후 다른 방식으로 몰두한 것은 그다지 양심적이지 않았다. 나는 고상한 사람을 지루함으로 고문했지만, 그녀가 그때에도 기분좋게 남아 있을 거라고 상상했다. 나는 항상 처음에는 순진하게 거기 있지만, 나중에는 교묘해진다. 내가 의도적으로 아니면 무의식적으로 그렇게 하는 걸까? 이 중요한 질문으로 나는 가급적 보호해야 할 내 머리를 썩히기를 원치 않는다. 무수한 아가씨들이 나를 놀렸고, 그들은 그것으로 내 기분이 좋아지도록 간지럽혔다. 언젠가 내가 지나간 것을 회상하며 끔찍한 슬픔에 잠긴 모습을 본 어느 여성은 울기까지 했다. 나는 이 예상치 못한 효과에 미소를 지었다. 나의 망설임에 모든 책임이 있다. 나는 끝나지 않는 지적 훼방의 희생물이다. 몇몇 사람들이 나를 정신적으로 가난하다고 여기는 것은 내가 영리하기 때문이란 점에는 의심의 여지가 없었고, 나른 사람에게 무례하게 비치는 것은 내가 너무 선한 심성을 가진 데서 나온다고 최소한 나 자신은 믿는다. 나는 겸손하기 때문에 여기저기서 파렴치하게 보인다. 나는 부드러움 때문에 부드럽지 않고, 사랑 때문에 사랑스럽지 않지만, 그때마다 항상 나 자신에 대한 믿음으로 가득차 있다. 나는 내게 요구되었던 겸손 때문에 나의 경력을 중단했다. 저녁이면 나는 노예처럼 생각하지만 이른 아침에는 주인 같은 생각이 들었고, 그럼에도 날마다 나와 내 주변에 대해 정당하다고 여긴다. 내게는 적들이 친구들보다 사랑스럽다. 친구들은 적대적일 수 있고, 적들은 평화롭게 보일 수 있다. 모든 것은 쉽게 자기 모습을 변화시킨다. 기껏해야 내게 부주의하거나 오로지 반대를 표하는 모습이 존재하고, 그것이 나를 지배한다. 나는 나를 소유하기를 원치 않고 나를 포기하며, 그것으로 내게 나 자신을 보는 의무를 부여하는 여성에게 속한다. 그녀의 명예를 위해 나는 내 특성을 기뻐하고 그것과 관계하며 즐거워한다.

프리돌린

기젤라는 성에서 초조하게 그를 기다리고 있는데, 봄의 마술 속에서 그는 허름한 옷차림으로 정문 앞을 오락가락했다. 기젤라가 자신의 직책을 수행하는 홀 안에서 마음은 가난한 악마에게서 벗어나지 못한 채 "당신은 계속 거짓말을 하는군요"라고 발언하자 그는 떨리는 입술로 아무 말도 꺼내지 못하고, 가재처럼 아니면 숙제를 하지 못한 학생처럼 새빨개졌다. 누군가가 "그 사람은 게으르고 소설 하나도 못 쓰는 방탕한 사내야"라고 옆에서 말하는 것을 들었다. 그 사람은 더 친절하게는 표현하지 않는 성주였다. 최근에 나는 어느 숙녀에게서 작은 책 한 권을 선물로 받았는데, 그 책 속에는 내가 도무지 떨쳐낼 수 없는 기젤라는 여성이 등장했다. 기젤라는 한 가지 청을 하며 자기를 도와주는 아주머니에게로 몸을 돌렸다. 아주머니는 "괜찮아, 아가"라고 말했다. 지나치게 과장되게 들리지 않는다면, 이 홀 안의 많은 반년 동안이나 갑자기 떠나버린 사람을 되돌아보았다. 사실 그녀가 속 좁게 생각했던 것은 무엇이 그가 그녀를 숭배하고 그녀를 위해 시인으로서의 의무를 저버리게 했는가 하는 점이었다. 그는 오후에는 산책을 갔고, 흠뻑 젖어 시내로 돌아왔다. 그의 이름은 프리돌린 아니면 그 비슷한 것이다. 종종 그는 실러의 경건한 시종과는 전혀 비슷하지 않았다. 오! 그는 자신의 기젤라를 얼마나 사랑했는지. 그의 사랑은 내가 흥미롭게 여길 정도로 매우 진지했다. 작가들이란 악의적인 여자들과 비슷하지 않나! 기젤라라는 이름이 이미 붙여져 있지 않았다면 그녀에게 에디트라는 이름을 붙여주거나 코르델리아처럼 보인다고 생각했을 것이다. 하지만 생각하는 것이 그녀의 전문 분야처럼 보이지는 않는다. 그럴수록 그녀에 대한 상념에 빠진 저 카탈루냐 사람은 더 많은 생각을 했는데, 그의 상념은 그의 정신이 아니라 영혼을 장식하기에 적합했다. 그는 말하자면 매일 똑같은 것, 즉 그녀가 얼마나 사랑스러운지를 생각했지만 그녀는 사랑스럽지 않았고, 사랑스럽지 않기 때문에 그녀는 사랑스러웠다. 사랑의 논리란 그렇게 우스꽝스러운 것이다. 사랑하는 사람들은 스스로 반쯤 망가질 정도로 갈망하면서 자신을 우습게 만들 때 행복해한다. 그녀는 가장 매력적인 초원 원숭이였고, 날씬하고 금발이며, 진지하고 우아하게 쳐다보고, 맙소사, 그리고 세상에 존재했던 가장 멍청한 사람은 비록 자신을 낙타라고 비난할지라도 생각에 빠져 있었다. 그는 어설프게 열린 정어리 통조림처럼 어떤 고상한 태도도 없이, 어린아이처럼 행복한 환호성을 지르며 숲속으로 갔는데, 그는 이 숲속의 푸른 집을 무엇보다 좋아했고 상처의 딱지 위에 눌러쓴 곰팡내나는 모자를 수천 번이나 전나무와 상수리나무, 그리고 너도밤나무 옆에서 위로 던졌다가 다시 붙잡지 않았던가? 우리는 이것을 이야기하는 동안 화가 나서 몸이 떨린다. 나는 멀리서 한 성가신 녀석을 알아보는데, 그는 솔직한 의도를 가지고 프리돌린 주변을 어슬렁거리며, 잘못된 길에 들어서지 않도록 지키며 연신 머리를 흔들고 "그건 안 돼"라고 말했다. 우리의 낭만주의자가 그를 꾸짖는 것이 제일 좋을 텐데. 그녀는 이미 그에게 약속하는 듯한 미소를 선사하지 않았는가. 그리고 이제는? 저녁마다 그는 주기도문을 외웠지만, 상황은 변하지 않고 그대로였다. 사랑하는 하느님은 자기 자녀들이 어떤 것으로도 지혜로워지지 못하도록 기꺼이 어려움 속에 빠뜨리고 흔들리지 않는 신앙 속에서 그들을 단련시킨다. 그는 다른 이름으로, 하지만 동일한 얼굴 생김새로 어느 술집에 가서 한 여종업원이 그의 흐트러진 머리카락을 동정심으로 쓰다듬도록 내버려두었다. 그 대신 그는 매번 길거리에서 그녀에게 깊이 인사를 했는데, 마치 유리잔을 부딪치는 여인들이 아니라 귀부인을 대하는 것처럼 말이다. 달리기를 할 때 그는 가장 순수한 노루였지만 시를 짓지는 않았다. 자신의 여주인에게 변함없이 머무르는 동안 그는 애착을 가지고 지나치게 엄밀하다기보다는 오히려 가볍게 그 상황을 받아들였고, 도시 외곽의 작은 술집에서 소시지를 먹도록 내주었던 헤픈 여자의 살찐 손에다 입맞추었는데, 그 손은 상상할 수 있는 가장 강인하고 일하느라 거칠어진 손이었으며, 테오도를리는 언젠가 방바닥을 닦으면서 그처럼 생경한 피부에 어울릴 것 같은 청소를 한 적이 있었다. 허수아비 같은 여자가 그에게 자기 주소를 주었는데, 그는 이따금 그것을 사용할 생각을 했다가, 나중에는 진짜로 사랑하는 사람처럼 다시 노래를 부르며 환희에 차서 꿈꾸는 가슴으로 기젤라의 거주지 주변을 맴돌았다. 음악가들은 그에게 공동작업을 제안했지만, 지극히 공손하게 거부했다. 그는 모든 동작에서 호의적으로 보였고, 밝게 불빛이 비치는 궁전의 창문을 올려다보았으며, 털 많은 진짜 원숭이로 머물렀다. 그 안에서는 아무것도 할 수 없었고, 밖에는 저녁이 투명하고 더 차가운 색깔 앞에서 녹색이 되었다. 겨울 같은 여름밤들은 기젤라에 대한 그의 감정의 아름다움과 정확함 위에서 생겨났고, 시적 재능을 갖춘 재주꾼이자 어린 소년은 머릿속에서 그리고 환상적인 수정 저택에서 그녀의 치맛단에 입을 맞추었다. 그는 "오, 행복에 미쳐버린 녀석이여"라고 스스로에게 말했고, 아무런 자랑거리도 더는 갖지 않은 것이 기뻤으며, 열기의 고드름에서 식었고, 모든 우정을 비열하게 포함하고 있는 낯설음 앞에서 당황했다. 바로 그때 꽃다운 기둥 상단부와 고전적인 박공, 높은 주랑 뒤에 철문이 달린 교회가 근처에 나타났고, 그는 안으로 들어가 무릎을 꿇었다. 밤이 오자 그에게는 여러 얼굴들이 나타났는데, 불을 켰다 껐다 하자 에디트의 얼굴이 흩어졌고, 자신은 꿈도 꾸지 않은 채 어머니 같은 보살핌으로 미소 지으며 갈대숲 사이의 상자에 든 아기 모세처럼 잠을 잤고, 아침이면 캐나다 사람처럼 일어났다.

코끼리

　　　　　테오도레는 고급 식당에서 편하게 지내고 있었다. 테오도레의 코끼리 역을 맡은 엘리는 편지에 자기가 포식을 하고 있다고 썼다.

　홀의 종업원들이 수프를 폈다.

　이셀슈타인과 회프너는 앞으로 달려나왔고, 유흥은 활기를 띠었으며, 나는 뭐라 표현할 수 없다는 점에서 아이일 뿐이다.

　와우, 와우! 누가 그렇게 했어요?

　우리의 회프너. 그는 눈으로 테오도레의 몸매를 훑어보았다.

　테오도레는 몸을 떨었지만, 그럼에도 코끼리로서 한동안 조용히 머물렀다. 코끼리들은 관계를 맺어주는 존재들이다. 그들은 그 자체로는 아무 목적도 갖지 않는다. 테오도레는 단순히 그 같은 부속품이었다.

　이제 다시 회프너로 돌아가면, 그는 "조심해"라고 말하기를 좋아했다. 모방할 수 없다는 점에서 나는 다시 아이와 마찬가지다.

이셀슈타인의 소망은 점점 더 엘리를 향했는데, 엘리는 코끼리에 대한 회프너의 의도를 전혀 알아차리지 못했다.

절제된 알프스 풍경과 함께 또다시 회프너의 와우, 와우! 하는 외침.

사람들은 계속 활발하게 소통했다.

"왜 당신은 말을 하지 않나요?" 회프너가 물었다. 그녀의 아름다운 가슴이 오르락내리락했다. 우아하게 표현하지 못하는 무능함을 용서하시길!

"사람들이 당신을 중요하게 여기지 않을 거라고 생각하나요?"라고 그는 계속해서 물었다.

"저는 우선 그것에 습관이 들어야 해요."

"나는 당신의 사랑스러운 입술에서 긍정의 말이 나오지 않는 상황을 더는 참을 수 없군요."

그녀는 그를 쳐다보았고, 그는 답을 알았다.

이셀슈타인과 엘리도 나타났다. 네 사람 모두 자신들이 왔던 곳으로 되돌아갔다.

아빠는 이셀슈타인에 대해서는 아무것도 알려고 하지 않았고, 자기에게 코끼리의 본성을 알려주던 회프너를 염두에 두었다.

어머니인 발리는 흥분했고 쓰러질 정도로 충격을 받았다.

엘리는 자기의 이셀슈타인을 성공적으로 변호했다. 테오도레는 놀라움을 자아냈다. 부수적인 현상을 열렬히 바라보는 것은 완전히 새로웠다.

부모님은 만족해하셨다. 엘리는 이전과 마찬가지로 이셀슈타인이라 불리는 선택받은 자의 목에 기댔다.

회프너는 "와우, 와우"라는 말도 "조심해!"라는 말도 더 이상 하지 않았다. 그는 그보다 더 중요한 일을 했다.

그는 테오도레에게 "당신은 내 거야. 하지만 나는 여전히 그것을 믿을 수 없어"라고 말했다.

"나도 그래요. 우리는 잠정적으로 이 모든 것이 가능하다고 믿지 않는다는 점에서는 일치하는군요."

아모르는 그들에게 서로 입을 맞추라고 충고해주었다.

회프너는 한동안 시도하다가 마침내 그 일에 성공했고, 두 사람이 부드럽게 호흡을 맞추었으며, 이 장면 위로 소년 아모르는 커튼을 닫았다.

대화

사랑하는 남자와 미지의 여인

하인리히: 길이 참 예쁘지 않나요?

미지의 여인: 아까 당신이 제 옆으로 왔을 때 당신의 걸음 걸이에서, 느리고 경쾌하고 여유로운 걸음에서 당신이 제게 한마디 건네리라는 것을 알아차렸답니다. 당신은 그렇게 했고, 저는 그것을 예상했기 때문에 당신에게 대답했어요.

하인리히: 당신 곁을 그냥 스쳐 지나가는 것은 내게는 부자연스러웠을 거예요. 저 옆의 물결과 저렇게 조용한 잎사귀들이 초대하는 것 같군요. 나는 당신이 멈추어서 잠시 저의 동행을 허락하시리라고 확신했어요. 내가 뭔가 당신을 불안하게 만드나요?

미지의 여인: 전혀 그렇지 않아요.. 당신은 힝싱 혼자 선나요?

하인리히: 당신 손은 귀엽고, 발은 섬세하군요. 나는 사실 어떤 아가씨에게도 위험하지 않답니다. 나는 내게 속하지

않고, 전혀 혼자 걷는 것이 아니라 연결되어 있고, 마치 부당한 일을 하는 것처럼 무척 행복하답니다. 나를 개의치 않는 한 여성이 항상 동행하지요. 그녀가 누구든 무엇을 하든 제 주변을 떠돌지요. 그녀는 때로는 나와 명랑하게 대화하고, 때로는 진지하게 이야기하도록 내버려두지요. 나는 가장 사랑스럽다고 생각하는 대로 그녀를 받아들이고, 내가 원하는 형상으로 만들고, 이따금은 내쫓기도 해서 그녀를 잃어버릴까봐 두려워할 필요가 없답니다. 그녀가 얼마나 사랑스러운지, 내가 그녀를 어떻게 대하는지를 안다면 그녀에게는 유쾌하지 않겠지만 나의 생각을 금할 수 없지요. 그녀와 연관된 아주 작은 생각조차 내게 힘을 주지요. 당신은 그녀와 약간 닮아서, 아마 나는 더 친밀하게 느꼈을 거에요.

미지의 여인: 제가 누구 곁을 지나갔지요?

하인리히: 사랑하는 한 남자 곁을요.

미지의 여인: 당신의 솔직함에 귀를 기울이게 되네요.

하인리히: 그것이 당신의 감정을 상하게 하나요?

미지의 여인: 그래서는 안 되는데도 감정이 상하네요. 저는 친해지길 원했는데, 당신은 부단히 사교를 하고 계시군요. 저는 제가 당신에게 뭔가 될 수 있을 거라고 생각했어요.

하인리히: 당신은 제게 사랑스럽습니다.

미지의 여인: 당신이 자기의 행복에 대해 이야기하기 때

문인가요?

장미

꽃 파는 여자: 장미 한 송이 사세요.
아르투어: 아니요. 오늘은 안 사요.
꽃 파는 여자: 나는 당신에게서 매일 그 말을 듣는군요. (에트가에게) 당신은요?
에트가: (꽃을 사서 함께 대화를 나누던 여종업원에게 준다.)
아르투어: 나는 스스로 돌아보고 자신에게 불만을 갖지만, 저건 대단히 예외적이군. 저 종업원은 아주 매력적이야. 그녀는 나를 존중하면서도 내게 화가 나 있군. 그건 나를 비웃는 것보다는 낫지. 우리는 살아가면서 마음씨 좋고 관대하게 혹은 진지하게 받아들여지거나 아니면 거부당하지. 나는 후자를 선호한다네. 기분좋게 만드는 아가씨는 점잖게 무시해야 해.
에트가: (일어서서 작별을 고하고 사라진다.)
아르투어: (여종업원이 병에 꽂아둔 장미 쪽으로 다가간다.) 그는 베풀 줄 아는 고상한 사람이고, 나는 세련되지 못

한 이기적인 사람이지. 그렇지 않나요? 그래도 솔직함은 공감을 주겠지요? (향기를 맡아본다.) 이 향기는 얼마나 달콤한지!

여종업원: (재미있다는 듯이 미소 짓는다.) 세심한 사람이 여자들에게 깊은 인상을 남기는 건 아니지요. 우리는 부주의한 사람들을 주의깊게 본답니다. 바쁜 사람들, 까다로운 사람들이 우리 마음에 들어요. (아르투어에게) 당신은 오로지 배를 채우기 위해 여기 오셨나요? 이 이마 뒤에는 뭐가 있나요? (이마를 쓰다듬는다.)

아르투어: 당신은 나를 감정 없는 사람이라고 여기지는 않는군요.

여종업원: 아니지요! 당신의 눈은 당신을 너무 분명하게 드러내는군요. 당신은 피상적인 모습을 보이지만 고통을 알지요. 그래서 나는 당신에게 약간 호의적이랍니다.

아르투어: 앞으로는 내가 당신에게 깊이 인사를 해야겠군요. 그 신사가 당신에게 선물한 장미는 아름다워요.

여종업원: 그걸 당신에게서 받지 못한 것이 유감이군요.

아르투어: 내 것은 이미 주어버렸고, 나는 그것에 매여 있답니다. 솔직함은 의무를 수반하지만, 행복하게 해주네요.

약자와 강자

그녀: 당신에게는 뭔가 낡은 것과 젊은 것이 같이 있어요. 당신은 매력적인 동시에 거부감을 주네요.

그: 당신이 내 말에 귀기울일 시간이 있다면 나에 관해 얘기해주지요. 화를 내지는 않겠지요? 한때 나는 여대생들을 원했는데, 그녀들이 내가 자기들을 대단히 똑똑하다고 여긴다는 말을 많이 했기 때문이에요. 한 여대생은 내가 없는 동안 내 방에 들어와서 내가 무엇을 읽는지 살펴보았어요. 나를 검토하는 그런 방식이 내게 인상을 남겼어요. 이것은 서론이에요. 사람들은 지금까지 자신만을 위해 간직했던 것을 말하기 전에 뜸을 들이지요. 나는 대단히 냉정한 사람이고, 믿을 수 없을 만큼 고집스러워요. 나는 열아홉 살에 소녀들과 친구가 되었고, 나 자신을 무식하다고 생각했어요. 그러나 나와 교제했던 소녀들은 나를 똑똑하다고 여겨서 나는 그것을 반쯤 믿었어요. 그들은 나를 좋아했고, 나 역시 그녀들을 좋아했지만, 그녀들이 키스를 받고 싶어한다는 생각은 한 번도 하지 못했어요. 나는 단지 손을 내밀었지요. 기분이 좋았으며, 그들이 내게 이야기를 하도록 내 귀를 빌려주었지요. 나는 한 사무실 여직원의 앨범에 반했다고 썼고, 그녀는 내 위에 앉곤 했지요. 그런데 내가 당신에게 모든 것을

세세하게 말하려 한다고는 생각지 마세요. 침묵하는 사실이 없다면 나는 스스로 빈약해 보일 거예요. 내가 처음 홍등가를 찾아갔을 때의 이야기가 당신은 흥미로울 텐데, 거기에서 나는 내가 생각해도 엄청나게 용감해 보였어요. 여자 접수원이 나쁘지 않게 치장을 한 일련의 아가씨들에게 나를 데려갔는데, 나는 그중 한 아가씨를 선택했지요. 사람들이 와인 한 병을 가져왔어요. 그 아가씨는 내가 그에 대해 아무런 이의도 제기하지 않는 것이 어울린다고 말했어요. 그녀의 향수 냄새가 엄청나게 주의를 끌었어요. 그녀는 옷을 벗었고, 내게도 그렇게 하라고 했어요. 나는 아이처럼 그녀의 말에 순종했지요. 그녀와 나의 관계는 오로지 인정認定으로 이루어져서, 그녀가 자신의 직업적인 경험을 보여주는 것이 나를 놀라게 하지는 않았어요. 나 역시 필요성에 의해 그곳에 간 것이 아니라 일종의 의무감에서였고, 비록 그것이 내게 어울린다고 느끼지는 않았지만 나 자신에게 그렇게 명령했지요. "이것 보세요, 당신은 욕구가 없군요." 그녀는 나를 억지로 따뜻하게 하려고 시도했지만 전혀 성공하지 못했어요. "당신은 단순히 허영심에서 우리에게 왔군요." 그녀는 미소를 지었는데 전혀 밉지 않았어요. 나의 불감증이 드러난 것이지요. 내게 도움이 되고자 하는 그녀의 사랑스러운 준비 자세는 나의 근육 하나도 움직이게 하지 못했어요.

아마도 나는 그녀와 함께 즐기기 위해 만들어지지 않은 것 같았어요. 만족에 대해서는 더할 나위도 없고요. 그녀는 내가 사용하지 않는 것을 내게 제공했고, 내가 받을 수 없는 것을 주었지만, 내 속에 있는 그 무엇도 그녀에게서 무언가를 원치 않았어요. 나는 그녀의 쓸모없는 베풂 때문에 스스로가 부끄러웠지요. "용서하세요." 나는 말했어요. "나는 나 자신을 몰랐고, 당신에게서 나에 대한 지식을 얻을 수 있을 거라고 생각했어요. 나는 당신을 이해하지만 아직 나 자신을 이해하지는 못했어요. 당신을 거부하는 것을 나쁘게 여기지 마세요. 당신 책임이 아니라 모든 소유욕을 통틀어 거부하는 나의 욕구 부재에 책임이 있어요. 그렇지 않다면 나는 당신을 아주 예쁘다고 여겼을 거예요." 그녀는 나와 하나가 되려는 시도에서 자기 개성의 저장고에서 꺼낸 어울리지 않는 것으로 내게 맞추려 했고, 내게 자부심을 주었어요. 나는 의사에게 처방을 부탁했어요. 능력을 속이면서 나는 해결되지 않은 일을 찾았던 거지요. 내가 행하지 않은 호의가 내게 무슨 말을 할까요? 충족된 자는 충족시키러 갈 수 있을까요? 나는 궁핍 없이 지내기 위해 태어났고, 아가씨들을 필요로 하지 않지만 그럼에도 그녀들과 시간을 보내는 것이 어떻게 가능할지 생각해보았지요.

   그녀: 당신은 세련되지 못했나요?

그: 당신이 그렇게 말하기를 원한다면 맞아요. 나는 시민 여성들과의 관계를 말하는 것이 아니에요.

그녀: 나는 당신이 무엇에 대해 말하는지 알고 있어요.

그: 나는 고의적인 행동에 대해 말하려고 했어요.

그녀: 차라리 하지 마세요. 나쁜 의견에 자신을 노출하는 것이 그렇게 유혹적인가요? 당신은 아름다운 미소를 가지고 있어요. 당신을 비난하려 했지만 그럴 수가 없군요. 당신이 안타깝네요.

그: 나 스스로는 안타깝지 않아요. 내가 당신에게 보여주려고 했던 흥미로운 것들을 당신이 함께하려 하지 않는 것이 유감이네요. 그것은 매일 그토록 즐거운 것으로 나를 데려간답니다. 소모될 것을 허용하기 위해 시간을 보내고 성실성을 신뢰하는 것 속에 뭔가 아름다운 것이 들어 있지요. 나는 그녀들 모두 상당히 기발하다고 생각해요. 그녀들이 나에게 호의를 보였기 때문에 나는 그들에게서 벗어날 필요가 없었어요.

그녀: 내 생각에 당신은 그렇게 강하지도, 그렇게 약하지도 않아요.

그: 맥주나 한 잔 더 주세요.

시

곱슬머리 소녀: 나는 기분이 좋지 않고 아무것도 생각하고 싶지 않아. 그는 더는 나에 대해 묻지 않을 거야. 그를 내게서 멀어지도록 한 게 뭐지? 그는 호의적으로 평가받지 못한 시들을 내게 보냈는데, 나는 그것을 그에게 돌려주고는 그를 믿지도 나를 믿지도 않고, 그를 무시하고 그에게서 나를 시샘하는 사람들 말을 믿었지. 사람들은 내게 어울리지 않는 옷을 벗어버리듯 그를 떼어낼 때까지 가만히 두지 않고, 그가 진짜로 그렇게 생각하는지를 느껴봐야 하는 동안 그가 배신을 계획하고 있다고 내 머릿속에 주입시켰지. 그의 눈은 더이상 내게 머물지 않고 나를 지나쳤으며 나를 알아차리지 못했고, 나는 그에게 더는 어떤 불꽃도 의미하지 않았지. 내가 그 서투른 시구들을 간직하고 그것과 함께 그를 간직했더라면. 나는 사람들이 시인을 쉽게 무시한다는 것을 알고, 시인이란 사람들이 생각하는 만큼 그다지 약하지 않으며, 사람들이 상상하는 것만큼 그렇게 절망적이지도 않다는 것을 알고 있어. 왜 다정한 사람은 상처를 입고, 그들은 자신들의 강인함을 기억할까? 예민한 자에게는 자신의 신중함에서 벗어날 능력이 부재하는 것처럼 말이지. 나는 그에게 무자비함을 가르쳤고, 그는 내게서 배운 대로 나를 다

루었고, 그에게 하나의 시처럼 보였던 나의 아름다움에 대해 아무것도 더는 알려고 하지 않아. 나는 그의 꿈이었는데, 나 스스로 그 꿈을 깨뜨려서, 이제 그는 내게서 한마디 말을 듣고 내 행동 하나를 포착하기 위해 나의 발코니 아래로 오지 않네. 나의 모습은 그에게 모든 것이었다는 사실을 알았지. 그는 나를 보면 거의 정신을 잃었지. 내가 그 사람 안에 지폈던 불을 꺼버리자 그는 다른 여자를 숭배하는군. 나를 만나자마자 그는 내게 무시하는 듯한 미소를 보내. 자신이 존중받는다는 사실을 아는 것, 반드시 필요하다는 사실을 아는 것은 얼마나 황홀한가. 나는 그에게 나쁘게 보이고 더 이상 아름답지 않으며, 가치는 사라지고 내던져졌어. (그녀는 침대에 눕는다.) 어리석은 시 같으니라고! 내게 그것을 보낸 자는 나쁜 사람이고, 나는 그의 성격을 알지 못했구나.

    아주머니: 너 자니?

    소녀: (자는 척 대답하지 않고, 우울하게 이불을 덮는다.)

고상한 남자와 세련된 여자

    세련된 여자: 이제 나를 밖으로 보내주세요.

    고상한 남자: 물론 나는 당신에게 그걸 약속했지만, 그 점

에서 나는 나 자신을 믿지 않소. 기이한 것은 이 밤이 납치를 하기에 환상적으로 잘 어울린다는 거예요. 모든 준비가 갖춰졌고, 당신은 여행할 준비가 되어 있었으며, 필요한 짐을 모두 챙겼지만, 우리는 낭만적인 시대에 사는 것이 아니지요. 오페레타나 그와 비슷한 것에는 도주가 나오지만, 내게는 도망가는 것이 중요하지 않아요. 아픈 사람이나 도망가는 법, 나는 건강하고 활기차고, 나의 장점은 도망이 아니라 머무는 것에 있다오. 큰 소리를 내고 상상 속에서 다시 메아리치는 거대한 희망은 내 마음에 들지 않는다고 말하겠소. 메아리는 기만하고, 전망은 현혹시키지요. 사람이 서서 겸손을 행하는 곳에는 전망이 자리를 잡고, 사랑스러운 기둥들이 새로워지며, 즐거움을 의미하는 불빛들로 얼룩지지요. 내가 당신에게 아무런 감정이 없다거나 용기가 없다고 말하지 마시오. 인생은 다른 곳만큼이나 이곳에서도 매우 아름다워 보이는군요. 경계의 바깥이 내부보다 더 유혹적이지는 않지요. 당신네 여인들은 종종 용감한 준비에 현혹되는 친구들이 아니지요. 말馬의 발자국, 낯선 표정, 목소리들, 옹색한 잠자리, 그리고 있을지도 모를 밤의 습격이 당신들을 매혹시키지만, 나중에 당신들은 사실이 아닌 것을 자신에게 설득시키고, 제대로 얻은 약간의 행복 대신 환상을 취하지요. 어제부터, 지난 며칠 전부터 나는 행복이 무엇인지 알게 되었소.

세련된 여자: 아, 그래서……

고상한 남자: 우리처럼 비슷한 사람들이 함께 원하는 것이 무엇일까요? 비슷한 성향을 가진 자들은 착각에서 서로를 돕지요. 우리의 고상한 계획은 내게는 진부해 보여요. 한 여자가 오늘 내게 미소 지었고, 그것으로 내 삶의 비밀을 알게 해주었소.

세련된 여자: 대관절 무슨 말을 하시나요?

고상한 남자: 나는 자신과 주변 세계를 신뢰할 만할 동기를 가질 때 고상하다고 여긴다오.

세련된 여자: 어떤 기사도 그렇게 말하지 않지요.

고상한 남자: 하지만 모든 것을 보았고 자기가 행복하다고 느끼는 것을 기뻐하는 사람은 그렇게 말한다오.

세련된 여자: 당신은 납치를 하려 했는데, 이제는 자기를 유혹하게 만드는군요.

고상한 남자: 그녀가 나를 생각하고, 나를 무엇이라고 여기는지를 나라는 사람으로 규정하겠소.

세련된 여자: (혼잣말로) 그가 솔직해진 지금 나는 그를 사랑해. 나는 세련된 여자를 연기하고, 그는 고상한 남자를 연기하네. 우리는 우리 자신을 변화시켰고, 이제는 다른 여자가 그를 소유하고 있어. 그녀는 그에게서 자신의 몇 가지

특징을 성스러운 것으로 만들어놓았지. 이제야 내 눈이 열리다니! 그것이 그를 포옹하도록 재촉해. 그는 그녀의 행복보다 높은 계명을 알지 못해. 갑자기 나는 모든 것을 예감하고, 이미 너무 늦은 때에 그를 알고 나를 알게 되었네. (뒤로 물러간다.)

고독한 남자

그가 앉아 있는지 서 있는지는 확실치 않다

고독한 남자: 어딘가에 호수들이 있어, 나는 그것이 반짝이는 것을 보는구나. 방해받지 않고 혼자 있는 가로수길에서 잎들이 속삭인다. 내가 보고 읽었던 그림과 시들은 이 순간 살아 있구나. 나는 고요 속에서 훌륭한 신사 행세를 하지. 나는 사람들과 어울리는 것을 좋아하는 걸까? 왜 아니겠는가? 그러나 나는 사람들과의 교제가 그들을 생각 없게 만든다고 생각해. 유흥이란 귀찮은 것이야. 말하는 것의 매력은 대화에서는 쉽게 사라지지. 나는 다른 사람과 얘기하기를 갈망해. 사람이란 얼마나 배은망덕한지. 뭔가를 원할 때는 우리는 기꺼이 감사하지. 우리는 우리가 가진 것을 무시해. 고독한 사람의 정신적인 자유는 멋진 것이고, 그의 생각은 순간적으로 형태를 이루고, 생각하는 사람에게는 거리감이란 존재하지 않는다고. 나이 차이는 극복되었지. 그는 스스로 윤리적 경계를 긋고, 살아 있는 사람들과 죽은 사람들과 함께 말하지. 내가 보고 싶어하는 그녀 역

시 나를 보고 싶어해. 그들은 내가 얼마나 활기찼는지를 알게 되었지. 나는 소음도 적막함도 두렵지 않아. 두려워할 것이라곤 오직 두려움뿐이야. 스무 번 음악회에 가는 대신 나는 한 번만 가지만, 들었던 것이 나중에 기억의 공간들 속에서 강하게 울린다네. 침묵하는 사람보다 말하는 사람이 말을 심사숙고하거나 그 영향을 가늠하는 것을 잊어버리는 법. 은빛 물거품이 이는 시냇물은 조용한 상상의 바위 위를 기분좋게 졸졸거리며 흘러내리지. 나는 실제 삶보다 상상 속의 삶을 더 높이 평가해. 그래서 나를 비난하려는 사람은 누구인가. 어릴 때부터 나는 즐겨 꿈을 꾸었어. 나는 더 커졌다가는 다시 더 작아졌다네. 삶은 언덕 모양으로 올라갔다 내려가며 의미심장하게 남아 있다네. 중요한 것이 말해지는 곳이 가장 인상적으로 살고 있는 것은 아니라네. 협상은 그 대상의 의미를 감소시키고 원천을 점점 더 고갈시키지. 오락은 피곤해. 과거와 현재는 고독한 사람에게 동일한 힘을 주지. 내가 울고 싶어한다면 사교모임에서는 그것을 얼마나 나쁘게 받아들일까. 여기서 나는 내 마음대로 해. 여기서 비로소 눈물이 얼마나 아름다운지, 감정으로 해체되는 것이 얼마나 아름다운지를 알게 됐어. 이곳이 아닌 다른 어디에서 당당하게 자만심을 비난하고, 계단을 내려가듯 연민의 습지로 내려가고, 여자친구 앞에서 후회하고 애원하는 겸손함에 빠져들 수 있겠는가? 누가 그 고독한 남자만큼 약해지기를 감히 시도하며, 이 용기가 그 사람보다 더 강하게 만들 자가 누구이겠는가? 내게 분노는 항상 떨어져나간 억지스러운 가장假將에서 나온다. 나를 그렇게 내버려두오! 나는 여러 가지 활동에 얽매인 사람들에게서 나의 지식, 타고난 명랑함, 힘, 그리고 단순하고 평평하게 만드는 기술을 박탈한다. 그러나 다른 사람들이 이미 선을 충분히 행한다면, 신뢰하는 자는 항상 용서를 구한다. 게을러도 아무런 해가 없다고 기꺼이 믿는 사람들도 분명 존재한다. 결코 끝나지 않는 젊음이 그에게 속삭인다. 그는 본래의 강줄기가 조용한 시간을 관통하며 노래하는 것을 듣는다. 그는 뒤로 물러서면서 자신을 확대시켰다. 그는 사람들 앞에서 도망치지 않는다. 내가 자신을 동정적으로 바라보는 것만큼 그들의 부류에 익숙해지기를 얼마나 원했던가. 그러나 나는 나 자신을 아끼기 위해 할 수 있는 것을 했다고 생각한다. 나는 기꺼이 머물렀다.

사랑받는 여인

집시 여인: 나는 걱정이 없고, 옷에 신경쓰지 않고, 하루종일 명랑했어. 그래서 저녁이 야영지 위로 내려올 때면 춤을 추었지. 나는 춤추기를 좋아했는데, 그것이 스스로를 즐겁게 하기 때문이었어. 프레도, 아니 이름이 뭐였든 그는 나를 사랑했고 내게는 그게 아무렇지도 않았어. 그는 때때로 내 손가락에 입을 맞추었지. 어느 날 우리가 야영을 하던 근처 영지의 영주가 나를 알게 되었어. 그는 내게 관심을 보였는데, 단지 일종의 세심한 호감 같은 것이었어. 그가 나를 사랑했다면 나는 그를 비웃었을 거야. 그래서 나는 이해와 호기심으로 그의 아내가 되어달라는 조심스러운 요청에 응했지. 그의 예의바름은 내 기분을 좋게 했을 뿐 아니라 진지한 의도를 보여주었어. 그는 내게 신뢰를 주었고, 나는 그가 요구하는 것을 허락했으며, 백작부인이 되었지. 그러자 프레도가 보인 태도란! 그는 입으로 풀을 뜯고 울부짖었어. "이따금 나를 찾아와도 돼"라고 나는 그를 진정시켰고, 그에게 교양 있는 사람처럼 행동하기를 명

했어. 그 경고는 효과가 있었지. 한 여성이 운명의 남성에게는 존경을 받고, 사랑하는 사람에게 숭배받는다는 것은 멋진 일이야. 그는 성 주변과 내가 누워 있는 호화로운 주변을, 이렇게 표현해도 된다면 개처럼 맴돌았어. 한번은 나는 생명의 위험에 빠졌는데, 그가 나를 구해주었지. 나는 그에게 고마워하지 않았고, 그는 자신에게 그럴 의무가 있다고 느끼는 듯 단지 그렇게 했을 뿐이야. 그러자 나는 그에게 거의 질투가 났어. 그는 나를 볼 때마다 너무도 멋진 미소를 지어서 나는 그가 대단히 행복하다고 확신할 수 있었어. 내가 새로운 환경에서 변화되었음에도 그에게 나는 항상 동일한 것, 곧 사랑이었지. 나는 그가 나를 섬기는 것보다 더 많이 그를 섬겼고, 그가 계속 활기 있게 지낼 수 있도록 했으며, 그는 나를 자신의 가슴에 담고 결코 빼앗길 수 없는 소유물처럼 여겼는데 그게 나는 너무 속상했어. 그가 나를 소유했기 때문에 남편은 나를 아주 조금밖에 가질 수 없었어. 남편은 모든 몫이 거부되어 모든 향유가 금지된 사람처럼 나를 전혀 즐기지 않았어. 정신의 힘이여, 대관절 누가 너를 묶을 수 있을까?

해설

작고 사소하고 아름다운 것들의 세계

1. 생성사

로베르트 발저(1878~1956)는 베를린에서 나름대로는 생산적이었지만 충분히 인정받지 못한 7년간의 시간(1906~1912)을 보낸 후 1913년 다시 스위스로 돌아와 고향인 빌 주변의 여러 도시들을 전전하다 1921년에는 베른으로 옮겨간다. 『장미』는 연구자들이 흔히 발저 창작기의 후반부로 분류하는 베른 시절인 1925년, 그러니까 그가 1929년 정신적인 이상 징후로 정신요양원으로 들어가기 전 단행본의 형태로 출판된 마지막 작품집이다. 그다지 성공하지 못한 작가로 동시대인들에게 서서히 잊혀가던 발저는 이 시기에 길이가 긴 작품들은 피하고 신문의 문예란과 잡지에 실릴 만한 소품들을 주로 썼다. 이 시기에 쓰인 수많은 기고문들 중에 이 책에 수록된 단편과 짧은 산문은 무엇보다 작가가 직접 선별했다는 데서 각별한 의의를 찾을 수 있다. 38편의 짧은 산문이 수록된 이 작품집에 당대의 유명한 삽화가였던 발저의 형 카를 발저가 표지를 그려주었고, 당시 출판의 중심지였던 베를린의 에른스트 로볼트 출판사에서 나왔음에도 큰 주목을 받지 못했다. 이 같은 상황은 오늘날에도 크게 다르지 않은데, 볼프람 그로데크Wolfram Groddeck는 그 이유를 베른 시기에 대한 연구자들의 관심이 『장미』를 건너뛰고 곧바로 저 전설적인 '마이크로그램'들로 넘어갔기 때문이라고 말하기도 한다.

그러나 『장미』는 작가 스스로 자신의 가장 세련되고 "가장 무례하고 젊은" 작품이라 불렀던 것처럼, 다양한 형태의 과감하고 환상적인 실험이 행해지는 과정을 고스란히 보여준다. 이 책의 편집자 요헨 그레벤의 말대로, 발저는 이전에는 최소한 겉으로라도 지키려 했던 문학적 관습과 사회적 터부를 뛰어넘는 거리낌없는 태도로 새로운 글쓰기를 시도한다. 거기에는 고향 마을인 빌과 비교할 때 세계 여러 나라들과 국제적인 관계를 맺고 있던 연방 수도 베른의 대도시다운 분위기에서 얼마간 영향을 받았으리라는 추측도 가능하다. 그 때문인지 이 책에 실린 짧은 글들에서는 이전 작품들과 비교해 일상에서 얻은 가벼운 인상과 정황들, 유머러스하고 반어적인 대화가 다양한 문학적 암시와 뒤섞이면서 다채로운 스펙트럼을 보여준다.

2. 인물의 현대성

『장미』는 무엇보다 다양한 인물에 대한 스케치나 현실의 사소한 정황들에 대한 묘사가 주를 이룬다. 사람 이름을 제목으로 한 그의 산문에 등장하는 인물들은 대부분 눈에 띄지 않는 평범하고 서민적인 특성을 지녔음에도 실제로 그들이 현실성과 구체성을 띤다고 보기는 어렵다. 이들은 살과 피를 가진 구체적이고 살아 있는 인물이라기보다는 작가의 문학적 지식과 자유로운 환상 속에서 만들어진 추상적이고 뼈대만 갖춘 인물들이다. 그들은 마치 애니메이션에 등장하는 주인공들처럼 단순화된 채 윤곽만 드러내고, 그들이 하는 말이나 행동에서 현실성이나 구체적 동기를 찾기란 쉽지 않다. 말하자면 발저는 현실에 뿌리를 두기보다는 상상의 세계에서 움직이는, 혹은 펜 끝에서 저절로 그려져 나오는 형상들을 조립하고 이름을 붙인 듯하다. 이들의 대화는 여러 출처에서 나온 인용과 암시로 뒤섞이는가 하면, 다른 한편으로는 어딘지 모르게 작가의 모습과 닮아 있기도 하다.

따라서 이 인물들은 확고한 정체성을 갖지 않는다. 이들은 종종 앞에서 한 말을 다음 순간 번복한다. 처음에는 A라고 말하지만, 다음 순간에는 이를 번복하고 B라고 한다. 여기서 A와 B는 서로 상반되는 특성을 가지면서 스스로 모순되고 이율배반적으로 보인다. 이처럼 일관된 정체성을 갖지 않는 그들은 많은 것을 담을 수 있는 동시에 아무것도 담지 않는다.

하지만 이들은 고도로 심리화된 인물들이기도 한데, 이를 위해 작가는 다양한 아이러니와 패러디, 심리와 반심리를 사용한다. 각각의 인물들은 상대방과의 관계에서 반전에 반전을 더한다. 예를 들면 그들은 너무 사랑하기 때문에 사랑할 수 없고, 너무 그리워하기 때문에 더이상 그리워하지 않는다고 고백한다. 이중 삼중으로 번복되는 이런 심리 상태는 행동이나 대화에 그대로 반영되어, 예컨대 그들은 사랑하는 대상을 향해 나아가기보다는 사랑하기 때문에 다가가지 못하고 물러선다는 이율배반적인 태도를 취하는 것이다. 따라서 이들은 '아이'와 관련된 글들에서 보이는 것처럼 성숙한 인격체라기보다는 사춘기의 아이들처럼 밀고 당기기를 반복한다. 이 부단히 계속되는 불안정한 심리적 지형도에서 그들은 때로는 아동으로 변신하고 때로는 전환된 성, 거부된 성을 보여주기도 한다(아마도 이런 의미에서 발저는 이 책을 가장 젊은 책이라고 불렀는지도 모른다). 그렇다면 『장미』의 인물들이 한결같이 갈망하는 사랑은 주체의 간절한 감정의 표현인 동시에 한곳에 머물지 않고 쉼없이 대상을 옮겨가는 관념적 사랑의 미끌어지는 기표들이 아닌가. 동시에 그들이 성숙해지지 않고 늘 엇비슷하게 남아 있는 영원한 사춘기의 청소년처럼 보이는 것은 어쩌면 작가의 자전적이고 불안정한 심리 상태를 반영하는 것이기도 하다. 스스로 여러 차례 고백하듯 점차 나이들어가고 주변 세계에서 고립되어가는 작가는 어린아이 혹은 청년의 가면을 빌려 허약해지고 희미해져가는 자신의 정체성을 붙들려고 한 것인지도 모른다.

이 인물들은 문학사의 위대한 고전에 등장하는 주인공들처럼 단 하나뿐인 독특하고 강력한 개성을 가진 인물들이 아니다. 객관적으로 보자면 이들은 대단히 아름답거나 대단히 지적이지도 않고, 놀라운 통찰력을 갖춘 것처럼 보이지도 않는다. 그들의 정체성은 허약하고, 스스로 부인되고, 다른 것과 쉽게 대체될 수 있는 익명의 인물들과 흡사하다. 때로는 어릿광대 같고 때로는 난센스와 모순으로 가득차 보이는 이 인물들이 처한 상황 또한 지극히 미미하고 일상적이다. 그것은 역사나 한 개인의 운명을 결정짓는 중차대한 사건이 아니라 어떤 특별한 중대성을 지니지 않는 우발적이거나 일상적인 상황들이다. 그들은 말하자면 역사의 '현장'이 아니라 역사의 가장 변두리, '가장자리'에 서 있는 것이다. 하지만 바로 이 같은 의미에서 『장미』에 나타나는 인물들은 놀랍게도 현대적 속성을 지닌다고 할 수 있다. 어쩌면 이것이야말로 바로 작가 자신의 자화상이자 동시에 오늘날을 살아가는 수많은 익명의 현대인들의 속성을 보여주는 것이 아닐까.

그런데 아이러니한 것은 존재의 의미가 미미해 보이는 이들이야말로 실은 가장 무고하고 가장 정직한 사람들이라는 점이다. 그들은 곧잘 병든 상태, 열과 환상에 들뜬 상태에 처한 것처럼 보이지만 실제로는 누구보다 사심 없고 얽매이지 않고 건강한 영혼들이다. 유약하고 변덕스러워 보이지만 가장 거짓 없이 순수하고 천연덕스러운 인물들이다. 작가 자신이 그러했듯, 아무것도 소유하지 않고 어떤 것에도 집착하지 않는 이 사소한 주인공들은 스스로 의도하지 않았다 하더라도 현실 사회가 보여주는 권력욕과 소유욕, 나아가 기존의 규범에 꼼짝없이 사로잡힌 현대인들의 모습을 비추고 패러디하고 도발한다. 무해하고 심지어 유치해 보이기까지 하는 그들의 모습은 욕망과 이해관계로 가득한 현대인들의 모습을 반어적으로 해체하고, 그 엄숙주의와 규범주의를 전복시킨다.

3. 언어의 유희성

여기 실린 텍스트들은 대수롭지 않은 현실 세계와 인물들이 처한 특별한 의미 없는, 우연적인 상황들의 수집이고 나열이며 전시다. 이 같은 '사건 없음' 혹은 '줄거리 없음'을 발저는 지독한 언어유희로 대체한다. 작가는 수시로 직접 나타나 목소리를 내며, 독자들에게 넌지시 혹은 직접 말을 걸고 의중을 떠보기도 한다. 이후의 마이크로그램에서 더 극단적으로 드러나는 언어유희적 현상들은 그가 이른바 '서사'가 지녀야 할 구성 요소인 줄거리 혹은 플롯을 이미 오래전에 해체했음을 말해준다. 하나로 집결되지 못한 이야기의 조각들, 이름만 가진 여러 인물의 단편성, 일관되게 자기주장을 펼치지 못하는 허약한 목소리들이 메아리처럼 남아 있다. 이 인물들은 하나같이 전후 문맥과는 무관한 내용 없는 말들, 환상에 빠진 듯한 말들을 혼잣말처럼 늘어놓기 일쑤다. 발저 특유의 사유 방식이기도 한 이 같은 독백은 수많은 비현실화법과 체험화법, 간접화법으로 이루어진다. 그와 병행해서 작가는 종종 좀처럼 끝나지 않는 긴 문장들, 인위적이고 현란하게 이어 쓰는 문장들로 독자들의 인내를 시험하고 연상 작용을 종용하는가 하면, 여러 개의 짧은 문장들을 어떤 연결사도 없이 나열하여 문장 간의 관계를 독자 스스로 추론하게 한다.

이런 측면에서 우리는 이 산문집에서 이후의 마이크로그램 소설, 예컨대 『도둑』에서 마주하게 될 많은 전조들을 미리 본다. 많은 인물들은 『도둑』의 이름 없는 주인공을 연상시키는가 하면, 에디트라는 여성 또한 『도둑』에 나오는 동일한 이름을 가진 인물의 전신처럼 보인다. 이처럼 마이크로그램에서 나타나는 많은 현상들, 실험적인 사유의 조각들과 언어유희적 요소들이 이미 『장미』의 여기저기서 언뜻언뜻 모습을 드러낸다.

그가 텍스트의 부족한 의미를 언어유희로 채우고 있는 것은 분명하지만, 그런 의미에서 그를 매너리스트라고 부르는 것은 적절치 않다. 매너리즘이 정신적인 신선함이나 새로움이 없이 유사하거나 진부한 상태를 되풀이해서 사용하는 것을 지칭한다면, 그레벤의 말처럼 발저는 매너리스트라기보다는 첨단적인 실험주의자, '아방가르디스트 Avantgardist'라고 불려야 할 것이다. 다시 말해 그는 부단히 새로운 글쓰기 형식을 시도하고, 사고 실험과 언어 실험을 계속함으로써 (특히 스위스 독일어의) 표현 가능성을 최대한 확장하고 문학사에 새롭게 등장하는 새로운 은유와 수사를 개발했다는 사실을 인정해야 한다.

궁극적으로 발저는 이 같은 언어와 사유의 새로운 사용법을 통해 잊혀가는 작가로서의 자기 존재와 글 쓰는 방식의 정당성을 입증해 보이려 한다. 그는 언어의 새로운 창조를 통해 수많은 인물들의 허약하고 변화무쌍한 정체성을 자신과 자기 시대의 징후적 모습으로 보여주는 것이다. 문화심리적으로 보자면 그것은 분열되고 해체된 현대가 보여주는 신경증적이고, 통일되지 않는 자아의 파편들이다. 그의 인물들은—마치 그 자신과 마찬가지로—부단히 분열된다. 짐짓 우스꽝스러운 가면을 쓴 채 때로는 재치 있는, 때로는 엉뚱한 말장난과 허세로 웃음을 야기한다 하더라도 그 이면에서 해체되고 있는 현대인들의 모순적이며 분열적인 자아를 선취하고 있는 것이다.

덧붙일 것은 어디에도 뿌리내리지 않는 삶의 방식, 극도의 빈곤이나 극도로 축소된 존재 방식을 스스로 자초했던 작가의 모습에서 우리는 그 누구와도 비교할 수 없는 무고함과 초월에 가까운 순수에 대한 의지를 엿보게 된다는 점이다. 그의 텅 빈 삶과 존재 앞에서 숙연해진다.

4. 번역을 마치며

역자가 번역상의 여러 어려움을 토로하는 것은 이미 오래전부터 진부한 말이 되어버렸다. 어느 책인들 번역이 어렵지 않은 책이 있겠는가. 역자가 후천적으로 습득한 한정된 외국어의 역량으로 수십 년 전 모국어 사용자인 작가가 의도적으로 비틀고 왜곡하고 새로 만들어낸 언어의 의미를 쫓아가기란 쉽지 않다. 자신의 생각과 느낌에 합당한 언어를 찾아내는 것이 아니라 다른 시공간에 살았던 저자의 생각과 느낌을 알아내고 그에 상응하는 역어를 골라야 한다는 점에서 번역은 창작이나 학술 연구의 과정에 버금가는 공력을 요구하고, 어쩌면 그보다 더 지난한 과정을 거친다. 그 낯선 언어를 쫓아가기 위해 과거에는 종이 사전, 그다음으로는 온라인 사전이나 다양한 종류의 데이터베이스들을 사용했다면, 그것들과 병행해 챗GPT에게 가장 많이 물어보았다는 것이 이번 번역에서 달라진 점이다. 많은 도움을 받았음을 솔직히 고백하지만, 발저의 텍스트가 가지는 특징 중 하나는 이런 보조 수단들이 도와주지 못하는 부분이 유독 많다는 것이다. 이는 발저의 언어가 그만큼 자의적이고 비관습적이기 때문일 것이고, 거기에다 스위스 독일어가 가지는 특수성도 한몫을 했을 것이다. 이런 첨단적인, 그사이 이미 일상화된 도구의 도움을 받을 수 있는 것은 온몸으로 고군분투하는 역자들에게는 대단히 고무적인 발전이라 불러야 마땅하지만, 나의 가장 큰 감사는 여전히 이 책이 나오기까지 여러 면에서 최상의 도움을 주신 문학동네 편집부에 돌리고 싶다. 첨단기계가 대신할 수 없는 그분들의 치밀하고 세심한 노고에 진심으로 고마운 마음을 전한다.

안미현

로베르트 발저 연보

1878년   4월 15일 로베르트 오토 발저는 책 제본업자이자 상인이었던 아돌프 발저와 그의 아내 엘리사(결혼 전 성 마르티)의 여덟 자녀 중 일곱번째로 베른주의 빌에서 출생.
1884~1892년   빌에서 초등학교와 예비 김나지움. 아버지 사업은 점차 몰락. 어머니의 정신 건강 악화.
1892~1895년   베른 주립은행의 빌 지점에서 견습 기간. 1894년 10월 22일 어머니 사망. 1894년부터 연극에 열광해서 빌의 연극단체에서 활동. 연극배우로서의 꿈.
1895년   4월부터 8월까지 바젤 체류. 친척 집에 거주하며 물류업체와 은행의 비서로 취직.
9월부터는 슈투트가르트 체류. 남성 기숙사에서 형 카를과 함께 거주. '유니온'이란 독일 출판협회 혹은 코타 출판사에 취업. 배우로서의 희망은 좌절.
1896년   9월 말까지 슈투트가르트에 머물다 걸어서 스위스로 돌아옴. 취리히 조이크하우스가 3번지에 거주. 한 보험회사에 보조서기로 취업.
1897년   취리히, 첼트벡 64번가, 그다음에는 추어린트가 49번지로 이사. 사회주의에 열광함. 초기 시들 집필.

	11월 말 직장을 그만둠. 베를린으로 첫번째 여행. 12월 초 다시 취리히, 앰틀러가 106번지 다락방에서 묵음. 많은 시들 집필.
1898년	5월 8일 몇 편의 시가 J. V. 비트만에 의해 최초로 존탁스블라트 데스 분트에 익명으로 실림. 이어서 프란츠 블라이와의 친분.
1899년	1월부터 (추측건대) 9월까지 툰에서 체류. 그곳에서 여러 직업을 전전. 3월부터 4편의 초기 짧은 연극 집필. 5월~6월에는 아마도 뮌헨에서 단기 체류. 7월 최초의 산문 「그라이펜 호수」가 존탁스블라트 데스 분트에 실림. 8월 비너 룬트샤우에 시가 실림. 10월 졸로투른에서 그곳의 '휠스카세 Hülskasse'에 취업. 잡지 『인젤』에 짧은 드라마 「시인」과 시들이 실림. 11월 말까지 뮌헨 체류.
1901년	1월 스위스, 아마도 취리히 체류. 6월 뮌헨으로 다시 여행. 8월~9월에는 베를린에서 6주간 체류. 이어서 다시 뮌헨. 10월 중순 취리히로 돌아옴. 뮌헨에서 A. W. 하이멜, R. A. 슈뢰더, O. L. 비어바움, 막스 다우텐다이, 프란츠 베데킨트, 알프레트 쿠빈, 마르쿠스 베머와 교제. 『인젤』에 기고.
1902년	1월 베를린으로 여행, 실망한 채 돌아옴. 2월~4월에는 빌러제 근처의 토이펠렌에 있는 누나 리사 집에서 거주. 이어서 취리히 슈피겔가 23번지로 옮겨감. 때때로 실업자들을 위한 필사실에서 아르바이트. 「프리츠 코헤르의 작문들」「점원」「화가」가 연

	속적으로 존탁스블라트 데스 분트에 발표됨. 『인젤』에도 다른 글들도 발표.
1903년	3월~6월 빈터투어에서 한 고무공장에 취업, 이어서 8주간 베른의 신병훈련소. 7월 취리히 프로샤우가 18번지 체류. 7월 말부터 12월까지 취리히 호수 근처의 배덴스빌에서 기술자이자 발명가인 카를 두블러 집에서 조수로 일함. 존탁스블라트 데스 분트에 단 한 편만 발표.
1904년	1월 취리히에서 처음에는 프로쉬가세 18번지, 그다음에는 트리트리가 6번지에 체류. 6월부터는 프랑켄가 24번지, 7월부터는 쉬페가 43번지에 거주. 주립은행에 취업. 『프리츠 코헤르의 작문들』이 최초의 작품집으로 출판(12월에 라이프치히의 인젤 출판사). 11월 베른의 군대 재교육 과정. 이 책 외에는 거의 발표하지 않음.
1905년	2월 말 주립은행을 그만둠. 빌에서 머물다가 5월 말 베를린으로 출발. 형이자 화가인 카를 발저의 집에서 거주. 여름에 잠시 스위스에 머묾. 다시 베를린. 하인학교에서 훈련받음. 10월부터 12월 오버슐레지엔에 있는 팔켄슈타인 지역 담브라우 성에서 하인생활.
1906년	베를린. 카를 발저를 통해 출판인 사무엘 피셔와 브루노 카시러와 친분. 후자의 요청에 따라 6주만에 소설 『타너가의 남매들』 집필. 이 소설은 크리스티안 모르겐슈타인에 의해 교정. 9월부터 10월까지

	두번째 소설 집필. 그 소설은 모르겐슈타인의 추천에도 거절당했고 아마도 발저 자신에 의해 파기됨.
1907년	베를린. 2월『타너가의 남매들』이 브루노 카시러에서 출판. 미술상인 파울 카시러가 사업책임자였던 베를린의 제체치온(분리파)에서 임시직. 베를린의 많은 문화계, 연극계 인사들과 친분, 발터 라테나우와도 친분. 여름에는 샤를로텐부르크의 빌머스도르퍼가 141번지로 옮겨감. 소설『조수』집필. 베를린의 잡지들, 특히『샤우뷔네』에 많은 발표.
1908년	베를린. 연초에『조수』가 브루노 카시러 출판사에서 출판. 4월부터 9월까지 쇤베르거 우퍼 40번지에 있는 형 카를의 작업공간에 거주. 이 기간 동안 일본 여행. 초여름에 오스트제란트 근교 비터펠트에서 열린 기구氣球 비행에 참가. 여름부터 가을까지 소설『벤야멘타 하인학교: 야콥 폰 군텐 이야기』집필. 연말에는『시』가 브루노 카시러의 서적애호가들을 위한 특별판으로 출판(인쇄표시 1909).『샤우뷔네』『노이에 룬트샤우』『미래』『짐플리치시무스』『예술과 예술가』그리고 다른 잡지와 신문 문예란에 다수 발표.
1909년	베를린. 연초에는 샤를로텐부르크의 카이저담 96번지에 거주. 5월『벤야멘타 하인학교: 야콥 폰 군텐 이야기』가 브루노 카시러에서 출판. 잡지에 발표는 줄어듦.
1910년	베를린. 연초 쿠어퓌르스텐담 29번지의 카를 발저

	의 집에서 체류. 뤼겐으로 짧은 여행. 여름에서 가을까지 슈판다우어 베르크 1번지의 외떨어진 방으로 옮겨감. 다른 소설 초안을 작업하지만 결국 좌절하고 단 몇 편만 발표.
1911년	베를린. 무료숙식을 제공받는 조건으로 주택 소유 여주인의 비서로 일함. 발표는 거의 못함.
1912년	베를린. 슈판다우어 베르크 1번지 집에 계속 머묾(집의 여주인은 9월 말에 세상을 떠남). 짧은 산문집 『작문들』을 위한 출판사를 찾음. 마침내 라이프치히의 에른스트 로볼트/쿠르트 볼프에 의해 『이야기들』이 받아들여짐. 잡지에 다시 잦은 발표. 특히 『라인란데』와 『포시쉐 차이퉁』.
1913년	3월 스위스로 돌아옴. 5월~6월: 베른의 주라 지역의 벨레라이에 있는 누나 리사 집에서 체류. 『작문들』이 쿠르트 볼프에서 출판. 여름에는 아버지가 살고 있는 빌의 집에서 잠시 머문 후 빌의 호텔 크로이츠에 있는 다락방으로 옮겨가 이후 7년간 그곳에서 머묾. 벨레라이에 있는 프리다 메르메트와의 관계가 시작. 많은 잡지에 발표, 특히 『라인란데』.
1914년	빌 체류. 2월 9일 아버지가 세상을 떠남. 연초에 작품집 『작은 문학』 준비. 이 작품에 대해 발저는 빌헬름 쉐퍼와 헤르만 헤세의 제안으로 '라인 지방 작가를 기리는 여성연맹' 상을 수상. 여름에 『이야기들』이 쿠르트 볼프 출판사에서 출판. 제1차세계대전 발발 후 8월 5일~9월 4일까지 에러라흐에서

	군복무. 9월 21일~10월 13일까지 세인트 모리스 체류. 연말에는 '여성연맹'을 위해 제작된 『작은 문학』에 서명하기 위해 라이프치히로 여행. 잡지에 많은 발표, 특히 『디 바이세 블래터』 『노이에 메르쿠어』 나아가서는 『노이에 취리히 차이퉁』.
1915년	빌, 연초에 베를린으로 카를 발저 방문. 『작은 문학』이 쿠르트 볼프에서 출판. 4월 6일부터 5월 13일 쿠드레핀에서 군복무. 10월 6일부터 12월 3일 비젠 체류. 베른의 『스위스』와 『슈바이처란트』 『노이에 취리히 차이퉁』 『분트』와 베를린의 『포쉬세 차이퉁』에 많은 발표.
1916년	빌 체류. 여름: 스위스 출판사 후버와 라쉬가 발저에게 문의해옴. 9월 원고 『산책』을 후버와 체결. 10월 『산문집』 완성하고 1월 말 라쉬 출판사에서 출판(출판연도 1917년으로 표기). 초기 짧은 연극모음집 계획(1919/20년에 비로소 실현), 11월 17일 형 에른스트가 베른 근교 발다우의 정신요양원에서 사망. 주로 스위스에서 많은 발표.
1917년	빌 체류, 모음집 『짧은 산문』을 준비하고 4월에 베른 소재의 A. 프랑케 출판사에서 출간. 또다른 모음집 『습작과 소설들』은 출판사를 찾지 못함(이 모음집은 텍스트들을 수정한 후 나중에 『호수 지대』로 출판). 4월 『산책』이 프라우엔펠트 소재 후버 앤 코에서 출판. 5월 『시인의 삶』을 준비하고 11월 후버에서 출판(인쇄 표기는 1918년). 7월 16일~9월 5

	일. 테신과 미소스에서 군복무. 책에 수록된 새로운 텍스트들 외에 특히 스위스 신문들에 많은 다른 작품 발표.
1918년	빌 체류. 1월 『호수 지대』를 완성하고 취리히의 라쉬 출판사에 보냄. 2월 18일~3월 16일까지 쿠루에서 군복무. 5월 산문집 『실내악』 원고 완성(출판 안 됨). 겨울에는 소설 『토볼트』 작업. 『노이에 취리히 차이퉁』에 더 잦은 발표. 그 외에는 『라인란데』에만 발표.
1919년	빌. 3월 소설 『토볼트』 완성(출판되지 않고 원고는 추측건대 1920년 발저에 의해 파기됨). 1919년 5월 1일 베른의 지리학 교수인 형 헤르만의 자살. 베를린의 브루노 카시러 출판사에서 『시집』의 2판 출판. 11월~12월에는 여러 편의 짧은 산문집 준비(특히 『쥐새끼』 『사랑스러운 작은 제비』, 이것들은 출판되지 않음). 독일과 스위스 신문과 잡지에 많은 발표. 그럼에도 심각한 금전적 궁핍을 언급함.
1920년	빌 체류. 『호수 지대』가 라쉬에서 서적애호가를 위한 특별판으로 출판(출판연도는 1919년). 초기의 짧은 연극 모음집 『코뫼디』가 브루노 카시러에서 (출판연도는 1919년으로 표기) 출판. 11월 8일 취리히에서 저녁 낭독회. 신문과 잡지에 많은 발표. 그럼에도 시대 상황에 따라 독일에서 오는 원고료 일부는 발저에게 도달하지 않음(나중에는 인플레이션에 의해 피해를 봄).

1921년	1월 베른으로 옮겨감. 무리펠벡 14번지에 거주. 이 주의 국립문헌보관소의 제2사서로 직업을 구함. 연초에는 직책에 따른 과제들 수행. 형 헤르만에 의해 5000프랑의 유산. 여름부터 가을까지 소설『테오도르』작업(11월에 끝났으나 인쇄의 일부만 남아 있음). 11월 마누엘가 72번지로 이사. 12월 발저는『테오도르』에 대해 스위스 작가협회의 작업대여기금에서 1500프랑을 대출받음. 스위스와 독일의 신문 잡지에 많은 발표.
1922년	베른 체류. 2월 마누엘가 3번지로 이사. 3월 8일 취리히에서 소설『테오도르』낭독회, 이어서 볼리스호펜에 있는 화가 에른스트 모르겐탈러의 집에 손님으로 머묾. 3월~4월경 스위스 작가협회에 가입. 협회는 소설『테오도르』를 위한 출판사 찾기에 개입했으나 실패. 4월 크람가 19번지로 이사. 바젤의 한 아저씨에게서 10000프랑 상속. 발표는 줄어들고,『노이에 취리히 차이퉁』에만 기고.
1923년	베른 체류. 6월 하반신 근육통으로 병원 입원. 가을에는 주네브로 도보여행. 스위스 신문 잡지 외에는 거의 작품이 실리지 않음.
1924년	베른. 3월~4월 라이프치히와 취리히 소재 그레트라인 출판사가 발저 작품을 인수하고자 오래 애를 썼음에도 작가의 원고료 요구와 거부하는 태도 때문에 실패. 5월 펠렌베르크가 10번지로 이사. 7월 22일 스위스 작가협회 탈퇴를 선언. 여름부터 가을

	까지 작품집 『장미』를 베를린 소재 에른스트 로볼트 출판사를 위해 준비. 시집에 대해서도 공지가 있었으나 출판되지 않음. 11월 게레히티히카이트가 51번지로 이사, 한 달 후 융커가 29번지로 이사. 11월~12월경 발저의 마지막 단행본인 『장미』가 로볼트에서 출판(인쇄 표시는 1925년). 신문 잡지에 기고문 다시 증가. 이해에는 처음에는 미발표 초고들. 그중에는 다시 많은 시들이 추가적으로 나옴.
1925년	베른. 2월 툰가 21번지에 거주. 4월 게레히티히카이트가 29번지. 4월~5월 『펠릭스 장면』 집필(초고로 남겨짐). 7월부터 8월까지 장편소설 『도둑』 집필(초고로 남겨짐). 9월 툰가 20번지로 이사. 아마도 여름~가을에 출판되지 않은 산문집 준비(취리히의 오렐 퓌슬리 출판사와 협상). 12월 엘펜아우벡 41번지로 이사. 특히 『프라하 프레세』 『프라하 탁블라트』 그리고 『베를린 타게블라트』 그 외에도 몇몇 잡지에 다시 시들이 포함한 많은 기고문. 아직 많은 작품들은 정서 혹은 초고 상태로 발표되지 않음.
1926년	베른. 5월 융커가 26번지에 거주. 6월 게레히티히카이트가 50번지. 8월 크람가 32번지로 이사. 2주 후에 쿠이제가 14번지로 옮겨감. 이곳이 다음 2년 반 동안 베른의 마지막 거주지. 11월 10일 발저 텍스트와 시들이 취리히-횡그 라디오 방송에 소개됨. 많은 산문 작품과 시들이 특히 『프라하 프레세』

	와 『베를린 타게블라트』 『프랑크푸르트 차이퉁』과 『노이에 취리히 차이퉁』 『문학세계』 그리고 몇몇 잡지에도 실림. 그 외에도 많은 미발표 작품들과 초고가 남아 있음.
1927년	베른. 겨울~연초 산문집에 관해 빈의 한 출판사와 협상을 했으나 실패. 여름부터 가을까지 빈 소재 파울 촐나이 출판사와 시집에 관한 협상 실패. 전년도에 비해 기고 편수는 줄었지만 여전히 상당수 발표. 5월에 『베를린 타게블라트』는 발저에게 6개월간 작품을 보내지 말 것을 요청했으나 곧 다시 그의 기고문을 실음. 많은 미발표 원고와 초고가 쌓여감.
1928년	베른. 4월 15일 로베르트 발저의 50회 생일이 단 몇몇 잡지와 신문에 짧게 언급. 전년도와 같은 정도의 출판, 그 외에는 아주 많은 미발표 원고와 초고들.
1929년	베른. 1월 중순에 심각한 심리적 위기와 비정상적 태도. 집주인에 의해 불려온 누나 리사가 한 정신과 의사에게 동행. 이 의사의 조언에 따라 발저는 1월 25일 베른 근교 발다우 요양원을 찾았고, 거기서 정신분열증으로 진단받음. 요양원에서 긴 휴식 기간 후 다시 문학작품(특히 시)을 쓰기 시작하고 편집부와 서신 교환(베른의 마지막 거주지를 주소로 표기). 특히 그해 하반기에는 발표는 거의 안 됨. 미발표 원고와 초고가 쌓여감.

1930년	발다우 요양원. 3월경 발저는 일인실을 얻었지만 본인의 요청에 따라 감찰 숙소로 돌아감. 문학 작업과 출판사와의 교류를 계속함(특히 연극공연). 그러나 이전 해들에 비해 매우 감소된 규모. 더이상 많이 발표되지 않음. 일련의 미발표 원고들.
1931년	발다우 요양원. 연말에 이인실로 옮겨감. 추측건대 때때로 베른 방문(부분적으로는 연극 관람). 다시 증가하는 문학적 생산력과 보다 잦은 발표(특히 『베를린 타게블라트』). 그 외에도 많은 수의 미발표 작품이 정서 상태나 초고로 남아 있음.
1932년	발다우 요양원. 발표되는 작품 수는 줄어들고(부분적으로는 수년 전에 보낸 원고들까지 포함), 미발표로 남아 있는 원고도 적어짐.
1933년	발다우 요양원. 1월~3월에는 제한적이지만 문학 작업과 출판을 위한 노력을 계속(오로지 『노이에 취리히 차이퉁』과 부분적으로는 『프라하 차이퉁』에서 이전에 보낸 작품 포함). 2월 소설 『타너가의 남매들』의 신판을 두고 취리히의 라쉬 출판사와 계약 체결. 5월~6월에는 발다우에 온 새로운 책임자는 조직 개편을 위해 가벼운 환자들의 경우 퇴원시키거나 농가에 가정간호를 맡기려 함. 발저는 후자를 거부. 남매들은 그를 위한 보호책임을 거부. 6월 19일 그의 의지와는 반대로 신체적 강제성을 적용하여 발저는 그의 공식적인 출생 주인 헤리자우의 아펜첼아우서로덴의 요양원으로 옮겨짐.

로베르트 발저 연보 181

1934~1956년	헤리자우 요양원. 환자 신분의 삶에 적응. 계속적인 문학 작업은 거부. 작업에 대해서는 어떤 흔적도 찾을 수 없음. 1936년 7월 취리히 작가이자 저널리스트 카를 젤리히(1894~1962)가 처음으로 발저를 방문. 그는 계속해서 발저와 여행을 시도하고, 돈을 마련해주고, 그에 관해 글을 쓰고 그의 출판인이 됨. 선집 『크고 작은 세상』(1937), 『조용한 기쁨』(1944), 『불행의 행복과 가난에 관하여』 발췌본(1944), 『시집』 신판(1943~1944), 『벤야멘타 하인학교: 야콥 폰 군텐 이야기』(1950), 1953년부터 5권으로 된 전집 『산문 문학』 발간, 발저와의 대화를 기록한 『로베르트 발저와의 산책』(1957).
1943년	9월 28일 베른에서 형 카를 발저 사망.
1944년	1월 7일 누나 리사 발저가 베른에서 사망. 1944년 5월 26일 카를 젤리히가 후견인 역할을 넘겨받음. 카를 젤리히가 마련한 것 외에 『조수』(1936)의 신판, 선집 『시인의 초상』(1947)이 책으로 출판. 발저는 서평이나 그의 65회, 70회, 75회 생일에 나온 헌사나 오토 치니커가 쓴 최초의 짧은 전기 『시인 로베르트 발저』에 대해 거의 관심을 보이지 않음.
1956년	12월 25일 혼자 산책을 하다가 헤리자우의 눈밭에서 78세로 세상을 떠남.

장미

초판 인쇄 2025년 7월 7일
초판 발행 2025년 7월 24일

지은이 로베르트 발저 | 옮긴이 안미현

책임편집 이경록 | 편집 임선영 임혜지
디자인 김현아 이주영 | 저작권 박지영 형소진 오서영 조경은
마케팅 정민호 서지화 한민아 이민경 왕지경 정유진 정경주 김수인 김혜원 김예진 나현후 이서진
브랜딩 함유지 박민재 이송이 박다솔 조다현 김하연 이준희
제작 강신은 김동욱 이순호 | 제작처 천광인쇄사(인쇄) 신안문화사(제본)

펴낸곳 (주)문학동네 | 펴낸이 김소영
출판등록 1993년 10월 22일 제2003-000045호
주소 10881 경기도 파주시 회동길 210
전자우편 editor@munhak.com
대표전화 031) 955-8888 | 팩스 031) 955-8855
문학동네카페 http://cafe.naver.com/mhdn
인스타그램 @munhakdongne | 트위터 @munhakdongne
북클럽문학동네 http://bookclubmunhak.com

ISBN 979-11-416-1111-8 03850

잘못된 책은 구입하신 서점에서 교환해드립니다.
기타 교환 문의 031)955-2661, 3580

www.munhak.com